Wurzelgemüse

Kathrin Salzwedel/Ramin Madani

Wurzelgemüse

Vegane und vegetarische Rezepte
für kalte Tage

Jan Thorbecke Verlag

VERLAGSGRUPPE PATMOS

PATMOS
ESCHBACH
GRÜNEWALD
THORBECKE
SCHWABEN
VER SACRUM

Die Verlagsgruppe
mit Sinn für das Leben

MIX
Paper from responsible sources
FSC® C084698

Klimaneutral
Druckprodukt
ClimatePartner.com/14549-2003-1001

Für die Verlagsgruppe Patmos ist Nachhaltigkeit ein wichtiger Maßstab ihres Handelns. Wir achten daher auf den Einsatz umweltschonender Ressourcen und Materialien.

Verlagsgruppe Patmos in der Schwabenverlag AG, Ostfildern
www.thorbecke.de

Gestaltung: Finken & Bumiller, Stuttgart
Druck: PNB Print Ltd, Silakrogs
Hergestellt in Lettland
ISBN 978-3-7995-1523-8

Inhalt

Rezepte

Anhang

VORWORT

In den letzten Jahren hat Gemüse – zu unserem Glück – einen noch höheren Stellenwert in unseren Köpfen und unserer Ernährung bekommen als früher. Unter anderem war dafür auch der von uns selbst angelegte Gemüsegarten ausschlaggebend.
In unseren Beeten haben Karotten, Kohlrabi, Grünkohl, Kräuter und Tomaten mittlerweile ihren festen Platz und bereichern so unseren natürlichen Speiseplan. Es gibt fast nichts Schöneres als knackiges, frisches und selbst gezogenes Gemüse aus guter und wohlriechender Erde zu ziehen, um damit ein leckeres Mahl zuzubereiten. Bei der Ernte wurde uns auch bewusst, welches Wissen benötigt wird, um gute und aromatische Produkte zu erzeugen: Welche Gemüsesorten harmonieren beim Anbau am besten miteinander, welchen Abstand benötigen sie, welche Art von Böden und welchen Standort brauchen die einzelnen Sorten und wann ist der womöglich beste Zeitpunkt der Aussaat? Misserfolge bleiben hierbei manchmal nicht aus und trotzdem ist es jedes Jahr wieder spannend und es bereitet uns große Freude zuzusehen, wie aus kleinen Pflänzchen stattliche Pflanzen werden.
Vor allem die Wurzel- und Knollengemüse haben es uns angetan, also alle Gemüsesorten, die (meist unter der Erde) eine Wurzel oder Knolle bilden, um darin Energie und Nährstoffe zu speichern. Diese Nährstoffe und ihre vielen geschmacklichen und gesundheitlichen Aspekte machen wir uns zunutze, wenn wir Wurzelgemüse für unsere Küche und unsere Ernährung verwenden. Gerade in den Wintermonaten ist Wurzel- und Knollengemüse ein flächendeckend und reichlich vorhandenes Gemüse.
Unsere Vorliebe für diese gesunden Gemüsesorten hat uns zu unserem Buch inspiriert, denn wir möchten sie euch ganz besonders ans Herz legen und euch leckere Rezepte für deren Verarbeitung an die Hand geben. Unsere Rezepte sind zum Teil Klassiker, wie beispielsweise Kartoffelbrei, Steckrübeneintopf und Rote-Bete-Salat, die wir neu interpretieren.
Neben den bekannten und beliebten Wurzelgemüsesorten wie Kartoffel, Karotte oder Kohlrabi, die zu Recht ganz oben auf der Beliebtheitsskala rangieren, möchten wir euch auch alte Sorten, die zum Glück heute wieder ihren Weg auf die Wochenmärkte und auf unsere Teller gefunden haben, aufzeigen und geschmacklich ansprechend präsentieren. Dies sind unter anderem Schwarzwurzeln, Mairüben und Topinambur – allesamt aromatische und gesunde Wurzelgemüsesorten. Diese Gemüsesorten waren in den letzten Jahrzehnten leider ein wenig in Vergessenheit geraten – zu Unrecht, wie wir finden.
Eine eventuelle Scheu bzw. Zurückhaltung vor der Verarbeitung dieser Produkte können wir euch mit unserem Buch sicherlich nehmen, indem wir aufzeigen, wie auch solche „exotisch“ anmutenden Gemüsesorten Eingang in unsere alltägliche Küche finden. Auch werdet ihr unter jeder Gemüsesorte Wissenswertes zu Aussaat, Ernte und Lagerung finden.
Und selbstverständlich wird wieder jedes Rezept mit schönen bunten Fotos untermalt und vor einer stilvollen Kulisse präsentiert.

Darüber hinaus findet ihr auf der nächsten Seite einen Saisonkalender der Anbau-/Erntezeiträume der verschiedenen Gemüsesorten. So habt ihr auch immer einen hervorragenden Überblick über die jeweiligen Verfügbarkeiten der einzelnen Sorten.

Ihr dürft also auch diesmal wieder gespannt sein!

Herzlichst
Ramin und Kathrin

Unsere Tipps für den Gemüseeinkauf

Gemüse, das wir nicht selbst anbauen, kaufen wir im Handel. Wir spazieren liebend gerne über Wochenmärkte und durch kleine Hofläden. Dabei achten wir besonders auf die Frische und die Regionalität der angebotenen Lebensmittel. Sie spielt eine entscheidende Rolle bei unserer Auswahl, ganz im Gegensatz zur Form oder der schier grenzenlosen Haltbarkeit. Das tun wir gerade auch im Hinblick auf oftmals zu lange und teilweise unnötige Transportwege der Waren. Biologische und nachhaltige Anbauweisen der regional ansässigen Landwirte können wir auf diese Weise ebenfalls mit unterstützen. Und das finden wird toll.
Frisches Gemüse ist in erster Linie Vertrauenssache. Allerdings kann man selbst auch einiges tun, um sicherzustellen, dass das Gemüse noch den größtmöglichen Anteil an Vitaminen und Mineralstoffen hat: Richtig frisches Gemüse strotzt oft vor Spannkraft. Es ist intensiv in der Farbe und weist keine untypisch weichen Stellen auf. An der Schnittstelle, an der das Gemüse abgetrennt wurde, ist bei richtig frischem Gemüse noch Feuchtigkeit zu spüren. Unangenehme Gerüche, Fäulnis oder Schimmel können ein Hinweis auf falsche oder zu lange Lagerung sein.
Daher ist es beim Einkauf schön, wenn die Auslagefläche im Handel gut einzusehen ist und man die Ware sowohl mit den Augen als auch mit den Händen und der Nase begutachten darf. Das bedeutet also: Nicht nur mit fast allen Sinnen genießen, sondern auch einkaufen.

Saisonkalender

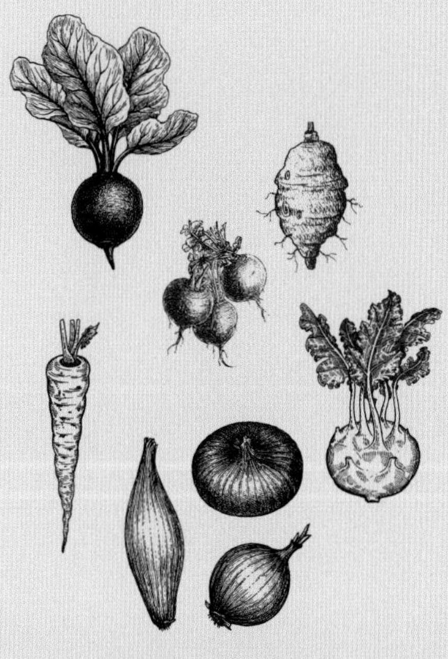

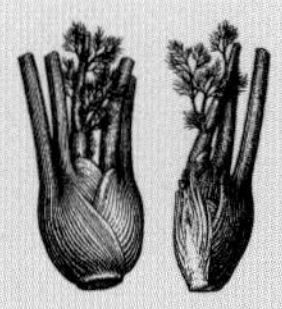

Ernte-Zeitraum

Frühling
Rote Bete
Topinambur
Mairübe
Kohlrabi
Pastinake
Zwiebel

Sommer
Fenchel
Mairübe
Kartoffel
Karotte
Kohlrabi
Sommerrettich
Radieschen

Herbst
Rote Bete
Fenchel
Mairübe
Topinambur
Kartoffel
Süßkartoffel
Karotte
Kohlrabi
Radieschen
Steckrübe
Sellerieknolle
Petersilienwurzel
Pastinake
Zwiebel

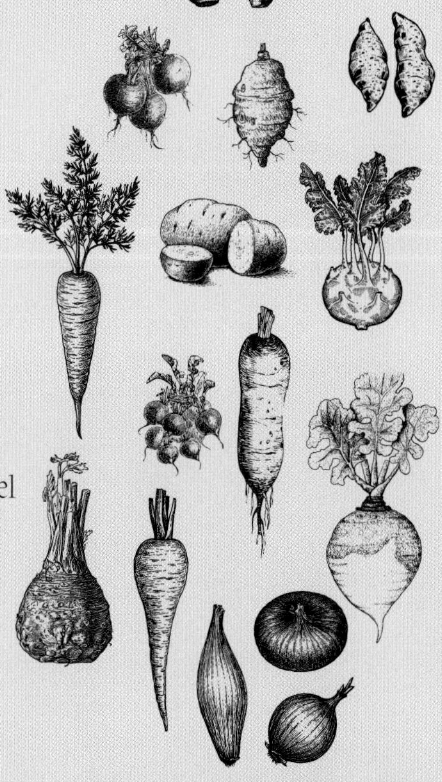

Winter
Rote Bete
Topinambur
Schwarzer Winter-
rettich
Schwarzwurzeln
Lila Rettich
Steckrübe
Sellerieknolle
Petersilienwurzel
Pastinake
Zwiebel

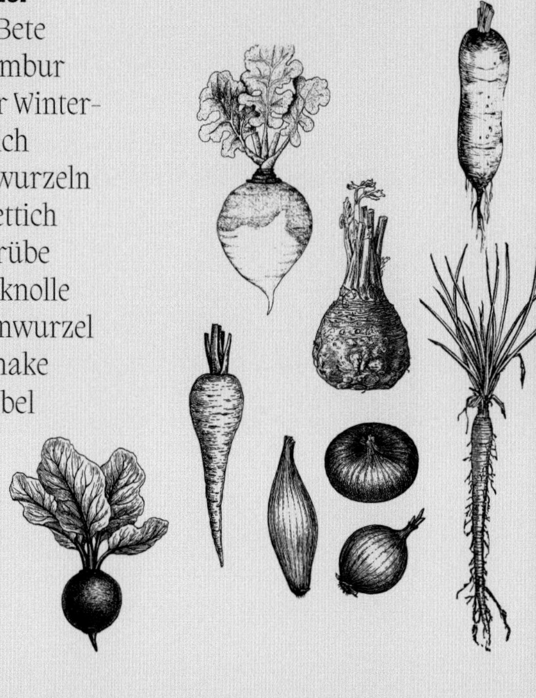

Aussaat-Zeitraum

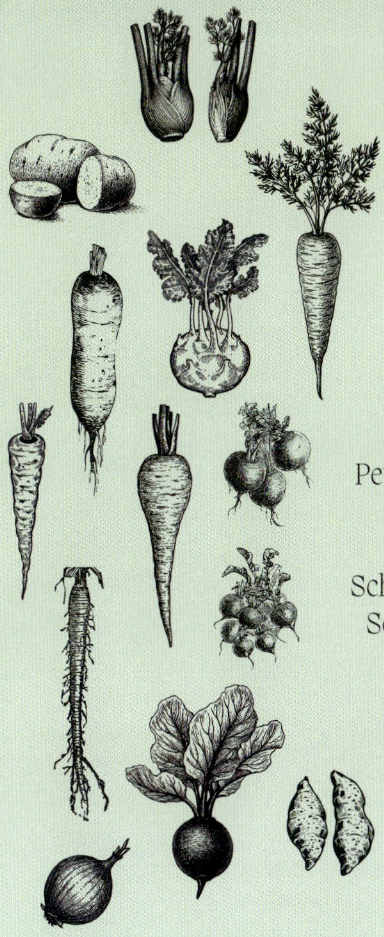

Frühling

Fenchel
Kartoffel
Karotte
Kohlrabi
Lila Rettich
Mairübe
Pastinake
Petersilienwurzel
Radieschen
Rote Bete
Schwarzer Rettich
Schwarzwurzel
Sellerie
Süßkartoffel
Topinambur
Zwiebel

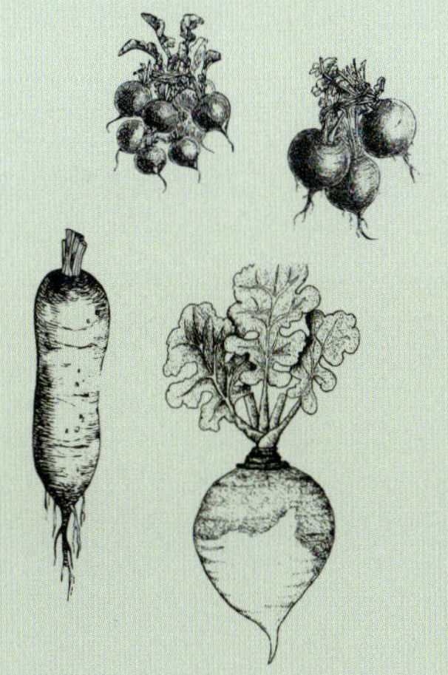

Sommer

Mairübe
Radieschen
Schwarzer Rettich
Steckrübe

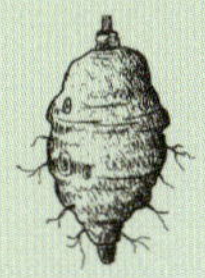

Herbst

Topinambur

Winter

Karotte
Sellerie
Sommerrettich
Schwarzwurzel
Zwiebel

Für ein Glas à 500 ml | Zubereitungszeit: 10 Minuten

vegan

Einfache Gemüsepaste

Dieses simple wie äußerst nützliche Rezept ist quasi eine Art Konzentrat, aus dem sich in Kürze, unter Zugabe von heißem Wasser, eine köstliche Gemüsebrühe fertigen lässt. Tipp: Unbedingt ausprobieren!

100 g Karotten
100 g Petersilienwurzeln
100 g Sellerieknolle
100 g Pastinaken
100 g Lauch
½ Bund frischer Liebstöckel
100 g Salz

Zubereitung

1) Die Karotten, die Petersilienwurzeln, die Sellerieknolle und die Pastinaken schälen und würfeln.
2) Den Lauch putzen und klein schneiden. Den Liebstöckel grob hacken.
3) Alle Zutaten in eine Küchenmaschine geben und zerkleinern. Die Gemüsepaste in ein heiß ausgespültes Glas geben und gut verschlossen im Kühlschrank aufbewahren.
4) Bei Bedarf 1 TL Gemüsepaste mit 200–250 ml Wasser verwenden.

Tipps

Die Gemüsepaste hält sich bis zu 3 Monate im Kühlschrank. Wichtig ist, dass man die Paste immer mit einem sauberen Löffel entnimmt. Alternativ kann man die Paste auch in Eiswürfelformen einfrieren.

Für ca. 2,5 l | Zubereitungszeit: 20 Minuten + 1 Stunde Garzeit

vegan

Selbst gemachte Gemüsebrühe

Ganz leicht herzustellen und so wichtig wie nützlich. Sollte man immer in Reserve halten. Die Gemüsebrühe ist eine Top-Grundlage für Saucen, Salate, Suppen, Hauptspeisen und viele Pastagerichte.

1 Zwiebel
3 große Karotten
¼ Sellerieknolle
120 g Pastinaken
1 Stange Lauch
2 EL Sonnenblumenöl
2 Lorbeerblätter

Zubereitung

1) Die Zwiebel samt Schale halbieren. Die Karotten, den Sellerie und die Pastinaken waschen, ggf. schälen und in grobe Würfel schneiden. Den Lauch gut waschen und in Stücke schneiden.
2) Einen großen Topf erhitzen und die Zwiebel mit der Schnittfläche auf den Topfboden legen und ohne Fett anrösten. Wenn die Schnittflächen gebräunt sind, das Öl und das restliche Gemüse hinzugeben. Einmal umrühren, dann die Lorbeerblätter und 2,5 l Wasser hinzugeben. Nun 1 Stunde bei niedriger Temperatur köcheln lassen.
3) Die Gemüsebrühe durch ein Sieb geben und mit Salz abschmecken. In heiß ausgespülte Gläser füllen und für 1 Woche im Kühlschrank kühl lagern. Alternativ portionsweise für ca. 5 Monate im Gefrierfach aufbewahren.

Rote Bete & Bunte Bete

Rote Bete ist den meisten von uns als Gemüse gut bekannt. Doch kennen wir diese tolle Erdfrucht wirklich? So viel sei gesagt: Es handelt sich bei ihr um ein Fuchsschwanzgewächs, ebenso wie die Zuckerrübe oder auch der Amarant.
Am bekanntesten sind bei uns die Sorten, die einen gleichmäßigen purpurnen/roten/violetten Farbton aufweisen. Es gibt die Bete allerdings auch in orangenen bzw. rosafarbenen Tönen sowie als rot-weiß marmorierte Sorten, z.B. die Sorte 'Tonda di Chioggia'.
Die Rote Bete ist umkompliziert zu kultivieren und gut lagerfähig. Man kann sie direkt ins Freiland sähen oder man zieht sie auf der Fensterbank vor. Die Bete mag einen vollsonnigen, warmen Standort und wächst auf einem humusreichen und lockeren Boden.
Ihre Erntezeit beginnt im Juli/August und reicht bis zum ersten Frost. Danach können die Beten noch einige Zeit gelagert werden.
Allen Beten gemeinsam ist, dass sie sehr vitamin- und mineralienreich sind. So enthalten die Beten viel Vitamin C, Vitamine aus dem B-Komplex, Kalium, Eisen etc., allerdings auch viel Oxalsäure, weshalb man sie in Maßen verzehren sollte.
Die Bete hat einen feinen, süßlichen, leicht erdigen Geschmack, der uns ganz typisch und vertraut erscheint. Bei der Zubereitung sollte darauf geachtet werden, dass gute, frische Ware verwendet wird und nicht unbedingt die eingeschweißte, vorgekochte Variante aus dem Supermarkt.
Auch die Blätter der Bete lassen sich gut zu Suppen oder Salaten verarbeiten.
Rote Bete kann durchaus auch in rohem Zustand verzehrt werden, zum Beispiel im Sommer als Zutat eines erfrischenden Salats, doch wir genießen sie hauptsächlich gekocht, zum Beispiel im Winter als heiße Suppe oder als Beilage zu Ofenkartoffeln. Aus der Knolle lassen sich besonders gut Salate, Beilagen, Smoothies, Suppen und sogar Gebäck herstellen.
Auch Rote-Bete-Chips sind eine leckere Ergänzung auf unserem Speiseplan.
Einige dieser köstlichen Rezepte haben wir für euch niedergeschrieben.
Wir wünschen euch viel Spaß beim Zubereiten und Genießen der Rezepte!

Für 2 Personen | Zubereitungszeit: 10 Minuten + 30 Minuten Garzeit

Bunte-Bete-Reis-Salat

vegan

Ein herrlich veganer und vollwertiger Salat mit vielen guten Zutaten. Er kann sowohl als Hauptgang als auch als Beilage zu anderen Speisen gereicht werden.

Salat
100 g roter Reis
Salz
300 g bunte Bete
1 grüne Spitzpaprika
1 Frühlingszwiebel
5 Radicchio-Blätter
½ Bund Petersilie

Dressing
1 EL Apfelessig
3 EL Olivenöl
1 TL Ahornsirup
1 TL körniger Senf
Salz
Pfeffer
etwas Zitronenabrieb

Zubereitung

1) Den roten Reis waschen. 200 ml Wasser mit Salz zum Kochen bringen und den Reis garkochen – das dauert je nach Sorte 10–30 Minuten. Anschließend in einem Sieb gut abtropfen lassen.
2) Die Bete waschen und in Wasser garkochen. Ist die Bete gar, etwas abkühlen lassen, dann schälen und würfeln.
3) Das restliche Gemüse waschen. Die Paprika in feine Streifen schneiden, die Frühlingszwiebel in feine Ringe schneiden, den Radicchio fein schneiden und die Petersilie fein hacken.
4) Für das Dressing Apfelessig, Olivenöl, Ahornsirup, Senf, Salz, Pfeffer und Zitronenabrieb vermischen.
5) Alle Salatzutaten in eine Schüssel geben, vermischen und mit dem Dressing vermengen. Mit Salz und Zitronenabrieb abschmecken.

Ball

Zutaten für 1 Glas à 750 ml | Zubereitungszeit: 15 Minuten + 50 Minuten Garzeit

vegan

Eingelegte Rote Bete

Früher gab es bei uns immer Saure Kartoffelrädle mit eingelegter Roter Bete. Auch heute noch kommt die Kombination aus Kartoffelsuppe und Bete auf den Tisch. Ansonsten genießen wir die eingelegte Bete zu einer Brotzeit oder als Sandwichzutat.

440 g Rote Bete oder bunte Bete
½ TL Senfsamen
225 ml Essig
40 g Zucker
1,5 TL Salz
2 Lorbeerblätter

Zubereitung

1) Die Bete schälen, in dünne Scheiben hobeln und in ein Einmachglas schichten.
2) Die Senfkörner in einer kleinen Pfanne rösten.
3) 225 ml Wasser, den Essig, den Zucker und das Salz aufkochen, bis sich der Zucker aufgelöst hat. Den Sud, die Senfkörner und die Lorbeerblätter zur Bete geben und das Glas verschließen.
4) Das Einmachglas in einen Einmachtopf stellen und diesen bis zur Hälfte mit Wasser auffüllen. 50 Minuten bei 90 °C konservieren. Aus dem Topf nehmen und abkühlen lassen. Vor dem Verzehr 3 Wochen durchziehen lassen.

Tipps

Falls ihr keinen Einmachtopf habt, könnt ihr einen ofenfesten, etwas höheren Topf verwenden. Das Glas sollte bis zur Hälfte im Wasser stehen.

Für 4 Personen | Zubereitungszeit: 20 Minuten + 20 Minuten Garzeit

Heller Borschtsch

Diese leckere auf Bete basierende Suppe aus Russland kennen die meisten von uns ja rötlich gefärbt. Diese Variante enthält ebenfalls den typischen Bete-Geschmack, besticht allerdings durch ihre helle Farbe und ihr köstliches Aroma.

1 Zwiebel
500 g bunte Bete, möglichst gelb, orange, weiß
500 g festkochende Kartoffeln
2 Karotten
160 g Wirsing
4 EL Rapsöl
Pfeffer
½ TL Kümmelsaat
¼ TL gemahlener Koriander
500 ml Gemüsebrühe (Rezept Seite 12)
2 Lorbeerblätter
100 ml Gurkenwasser (Flüssigkeit aus dem Cornichonglas)
3 Cornichons oder Essiggurken
1 Prise Rohrzucker
Meersalz
Schmand sowie Schnittlauch oder Dill zum Servieren

Zubereitung

1) Die Zwiebel, die Bete, die Kartoffeln und die Karotten schälen. Den Wirsing waschen und von den groben Blattadern befreien, danach in feine Streifen schneiden. Die Zwiebel in Halbringe schneiden und in einem Topf mit dem Öl anbraten. Pfeffer nach Geschmack, den Kümmel und den gemahlenen Koriander dazugeben. Mit der Gemüsebrühe und 300 ml heißem Wasser ablöschen, die Lorbeerblätter hinzufügen und aufkochen lassen. Die Kartoffeln in grobe Würfel, die Karotten in Scheiben und die Bete in Spalten schneiden und dazugeben. Alles für ca. 15 Minuten köcheln lassen. Im Anschluss die Wirsingkohl-Streifen dazugeben und weiterköcheln lassen. Währenddessen die Cornichons in Scheiben schneiden.
2) Ist der gewünschte Gargrad erreicht, schaltet ihr den Herd aus. Dann das Gurkenwasser, die in Scheiben geschnittenen Cornichons, den Rohrzucker und das Meersalz hinzufügen. Auf Tellern anrichten und mit einem Klecks Schmand und Schnittlauch oder frischen Dill servieren.

Tipps

Zum Anbraten eignen sich außer Rapsöl auch Distel- oder Sonnenblumenöl. Statt Schmand könnt ihr auch eine pflanzliche Alternative zum Servieren wählen.

Ostpreußische Rote Bete

Ein hervorragendes Gericht, in dem die Bete warm serviert wird. In schönem Purpur bis Violett ist diese vollmundige Rote-Bete-Zubereitung ein toller Begleiter zu Kartoffeln.

600 g frische Rote Bete
2 rote Zwiebeln
2 EL Sonnenblumenöl
schwarzer Pfeffer
¼ TL gemahlener Koriander
½ TL Kümmelsaat
etwas geriebene Muskatnuss
1 EL Tomatenmark
100–150 ml Gemüsebrühe (Rezept Seite 12)
100 ml Gurkenwasser (Flüssigkeit aus dem Gurkenglas)
7 Wacholderbeeren
1 Lorbeerblatt
80 g Essiggurken
50 ml trockener Rotwein
100 ml Schlagsahne

Zubereitung

1) Die Rote Bete in einem Topf mit Wasser garkochen. Etwas abkühlen lassen und von der Haut und den Stielansätzen befreien. Die Bete dann grob reiben und zur Seite stellen. Die Zwiebeln schälen und fein hacken.
2) In einem Topf das Öl erhitzen und die fein gehackten Zwiebeln darin anbraten. Pfeffer nach Geschmack, die gemahlenen Koriandersamen, den Kümmel und den Muskatnussabrieb dazugeben. Bei mittlerer Hitze das Tomatenmark dazugeben und ebenfalls anbraten. Mit der Gemüsebrühe und dem Gurkenwasser ablöschen. Die Wacholderbeeren und das Lorbeerblatt dazugeben und 5 Minuten köcheln lassen. Nun die Essiggurken fein schneiden und mit dem Rotwein hinzufügen. Zum Schluss die Sahne angießen und alles bei Bedarf nochmals abschmecken.

Tipps

Dazu passen Salz- oder Pellkartoffeln. Wer es saurer möchte, gibt 1 TL Himbeeressig dazu. Verwendet statt Wein mehr Gemüsebrühe, wenn Kinder mitessen. Auf Wunsch könnt ihr die Gewürze (Kümmel, Wacholder, Lorbeerblatt) in ein Gewürzsäckchen geben. Wer es fester möchte, nimmt 2 EL Crème fraîche statt Sahne.

Bete-Bohnen-Salat

Dieser bunte Bete-Salat ist nicht nur was fürs Auge, er ist auch reich an Ballaststoffen und Vitaminen. Für eine vollwertige Hauptmahlzeit passen am besten Kartoffeln dazu.

600 g bunte Bete
250 g Buschbohnen
2 EL Mandelblättchen
100 g Fetakäse

Dressing
1 Schalotte
1 EL Essig
1 EL Wasser
4 EL Olivenöl
Salz
Pfeffer aus der Mühle
1 Prise Zucker

Zubereitung

1) Die Bete in einen Topf mit Wasser geben und ca. 30 Minuten weich kochen. Abgießen und etwas abkühlen lassen.
2) Die Buschbohnen säubern und die Enden abschneiden. In kochendes Wasser geben und bissfest garen. Mit kaltem Wasser abschrecken und abtropfen lassen.
3) Die Mandelblättchen ohne Fett in einer Pfanne anrösten.
4) Für das Dressing die Schalotte sehr fein hacken und mit den restlichen Zutaten vermischen.
5) Die Bete schälen und in Spalten scheiden. Die Bohnen je nach Länge noch einmal halbieren und mit der Bete auf einer Platte anrichten. Den Fetakäse darübergeben und mit den Mandelblättchen und dem Dressing servieren.

Für 2 Personen | Zubereitungszeit: 10 Minuten + 30 Minuten Garzeit

vegan

Rote-Bete-Carpaccio

Hauchfein gehobelte Rote Bete mit Zwiebeln und einem cremigen Senf-Dressing. Für das Carpaccio könnt ihr auch rosa oder gelbe Bete nehmen und mit etwas frischer Kresse garnieren.

Carpaccio
450 g Rote Bete
1 rote Zwiebel

Sauce
1 TL süßer Senf
1 TL mittelscharfer Senf
1 TL Apfelessig
2 TL Weißwein
Salz
Pfeffer
1 Msp. gemahlener Piment
1 Msp. gemahlene Fenchelsamen
½ TL getrockneter Dill
frische Petersilie
Zitronenabrieb
3 EL Walnussöl

Zubereitung

1) Die Rote Bete weich kochen, etwas abkühlen lassen und von der Haut und den Blattstielansätzen befreien. Dann die Bete in sehr dünne Scheiben schneiden oder hobeln. Die Zwiebel schälen und fein hobeln.
2) Für die Sauce die beiden Senfsorten, den Essig, den Wein, Salz und Pfeffer, den Piment, die Fenchelsamen, den Dill, die gehackte Petersilie, den Zitronenabrieb, 2 EL Wasser und das Öl gut miteinander durchmischen.
3) Die Bete-Scheiben schuppenförmig auf einer Platte arrangieren, die fein gehobelten Zwiebeln darüber verteilen und im Anschluss mit der Sauce übergießen. Etwas marinieren lassen. Bon Appetit!

Tipps

Alternativ könnt ihr gelbe Bete nehmen – die färbt nicht so sehr. Serviert krosses Baguette dazu. Fruchtig wird es mit Orangenfilets. Alfalfa-, Kresse oder Knoblauchsprossen eignen sich als Topping. Möchtet ihr mehr Sauce, dann ergänzt einfach etwas frischen Orangensaft.

Für 4 Tarteförmchen mit 12 cm Durchmesser | Zubereitungszeit: 30 Minuten + 30 Minuten Garzeit

Rote-Bete-Mini-Quiches

Leckere kleine, appetitliche und farbenfrohe Küchlein. Diese kleinen Goldstücke sind einfach mal als herzhafter Kuchen zum Mittagessen, als Snack für zwischendurch oder auch als Pausenbrot hervorragend geeignet. Der knusprige Mürbeteig aus Mehl und Nüssen passt gut zum erdigen Geschmack der Bete.

Mürbeteig

150 g Dinkelmehl (Type 1050)
50 g gemahlene Mandeln
Salz
90 g kalte Butter
1 Ei
1 EL kaltes Wasser

Belag

3 mittelgroße Rote Beten
1 rote Zwiebel
3 Eier
60 ml Sauerrahm
60 ml Milch
40 g geriebenen Gruyère
100 g Mandel-Frischcreme (alternativ Frischkäse oder Ziegenfrischkäse)
Salz
schwarzer Pfeffer aus der Mühle
etwas Muskatnuss
½ Bund Petersilie

Zubereitung

1) Die Zutaten für den Mürbeteig in eine Küchenmaschine geben und zu einem glatten Teig verarbeiten. Alternativ mit den Händen verkneten. In Folie wickeln und 30 Minuten im Kühlschrank ruhen lassen.
2) Die Rote Bete 30 Minuten in Wasser garkochen.
3) Den Teig vierteln, 4 Kreise ausrollen und die Tarteförmchen damit auslegen.
4) Den Backofen auf 200 °C Ober/-Unterhitze vorheizen.
5) Die Bete und die Zwiebel schälen und in Spalten schneiden.
6) Eier, Sauerrahm, Milch, Käse, Frischcreme, Salz, Pfeffer, Muskat und gehackte Petersilie verrühren. Die Eimischung gleichmäßig auf den Teigböden verteilen und die Rote-Bete- und die Zwiebelspalten auf die Füllung geben. Im Ofen 25–30 Minuten goldgelb backen, herausnehmen und 10 Minuten ruhen lassen.

Für 2 Personen | Zubereitungszeit: 15 Minuten + 30–60 Minuten Ruhezeit

vegan

Rote-Bete-Nudelteig

Einen Nudelteig einmal selbst zu machen – das ist doch echt ein Traum. Ganz real wird er aber spätestens dann, wenn die Gäste die tolle Farbe und das einzigartige Aroma der Nudeln bewundern. Statt Bandnudeln könnt ihr auch Ravioli machen und mit Kartoffeln und Ricotta füllen.

150 g Weizenmehl
50 g Hartweizengrieß
50 ml Rote-Bete-Saft

Zubereitung

Das Mehl und den Hartweizengrieß in einer Schüssel mischen. Den Rote-Bete-Saft und 50 ml Wasser hinzugehen, erst mit einer Gabel vermischen und anschließend den Teig mit den Händen 10 Minuten lang kräftig kneten, bis er weich und geschmeidig ist. Dies geht am besten auf einer rauen Oberfläche. Den Teig in Frischhaltefolie wickeln und mindestens 30–60 Minuten ruhen lassen.

Zubereitung mit Nudelmaschine

Den Teig in 2–3 Stücke teilen. Die Stücke, die man gerade nicht braucht, in Frischhaltefolie wickeln. Die Nudelmaschine mit etwas Mehl bestäuben und den Teig durch die Nudelmaschine drehen, bei jedem Vorgang das Rädchen enger drehen. Nun nach Wunsch in Tagiatelle, Spaghetti oder Bandnudeln schneiden. Die fertigen Nudeln sofort mit etwas Mehl-Hartweizengrieß-Mischung bestäuben und darin wälzen, damit sie nicht zusammenkleben.

Zubereitung ohne Nudelmaschine

Die Arbeitsfläche und den Nudelteig leicht mit Mehl bestäuben. Den Teig von der Mitte heraus ausrollen. Nach dem Ausrollen den Teig falten und wieder ausrollen. Das Ganze noch einmal wiederholen. Dann zu einem Rechteck ausrollen – der Teig sollte nicht zu dick sein – und mit einem Messer oder einem Teigrädchen zurechtschneiden.

Tipp

Zur Zubereitung die Nudeln in reichlich Salzwasser al dente kochen.

Für eine Silikon-Kastenform (25 cm) | Zubereitungszeit: 15 Minuten + 1 Stunde Backzeit

Rote-Bete-Schokoladenkuchen

Schokolade und Rübengemüse – passt das denn zusammen? Ja klar, und wie! Die erdigen Aromen der Roten Bete verbinden sich auf köstliche Weise mit den mineralischen Nuancen des Kakaos. Das Endergebnis ist ein feuchter und köstlicher Rote-Bete-Schokoladenkuchen.

Teig
180 g gekochte Rote Bete
2 EL gemahlene Leinsamen
165 ml Sonnenblumenöl
150 ml Hafermilch
70 g weißer Zucker
100 g brauner Zucker
1 TL Vanillepaste
1 EL Apfelessig
240 g Weizenmehl
2 TL Backpulver
½ TL Backnatron
60 g Kakaopulver
1 TL Zimt

Ganache
200 g Zartbitterschokolade (70 %)
280 ml Schlagsahne

Zubereitung

1) Den Backofen auf 175 °C Ober/-Unterhitze vorheizen.
2) Die Rote Bete schälen, fein raspeln und in eine Schüssel geben. Die Leinsamen in ein kleines Schälchen geben und mit 5 EL Wasser verrühren. Dann 5 Minuten quellen lassen.
3) Öl, Hafermilch, beide Sorten Zucker, Vanillepaste, Essig und Leinsamen in die Schüssel zur Roten Bete geben und verrühren.
4) In einer zweiten Schüssel Mehl, Backpulver, Backnatron, Kakaopulver und Zimt mischen. Die Rote-Bete-Mischung unter die Mehlmischung rühren. Nur so lange rühren, bis der Teig sich vermischt hat.
5) In die Kastenform geben und auf der zweiten Stufe von unten 60 Minuten backen. Eine Stäbchenprobe durchführen, um zu überprüfen, ob der Kuchen fertig ist. 10 Minuten in der Form abkühlen lassen und dann aus der Form lösen. Auf einem Küchengitter vollständig erkalten lassen.
6) Für die Ganache die Schokolade in Stücke hacken und in eine Schüssel geben. Die Sahne erhitzen und über die Schokolade gießen. Mit einem Schneebesen so lange rühren, bis die Schokolade komplett geschmolzen ist. Die Schokolade 30 Minuten etwas abkühlen lassen und ab und zu umrühren. Dann über den Kuchen geben und über Nacht fest werden lassen.

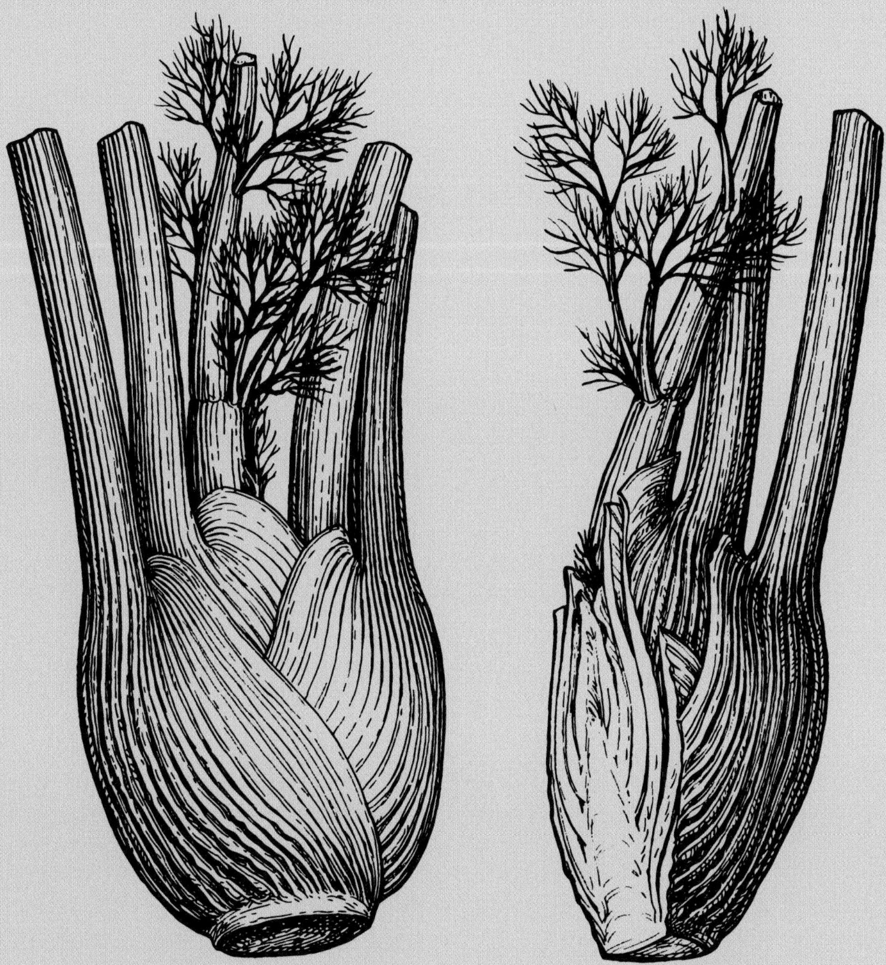

Fenchel

Der Geschmack des Fenchels erinnert viele von euch möglicherweise an die Weihnachtszeit. Das rührt daher, dass die in ihm enthaltenen Öle anisartige Aromen besitzen und dass die Samen des Gewürzfenchels bei der Herstellung von Weihnachtsgebäck und Bonbons eine nicht unwesentliche Rolle spielen.

Neben dem Gewürzfenchel gibt es den Gemüsefenchel mit seiner oberirdisch wachsenden Knolle als weitere Varietät. Er kann zwischen April und August ausgesät werden und ist etwa drei Monate später erntereif. Alternativ kann man ihn bereits ab Januar im Haus vorkultivieren. Der Fenchel fühlt sich auf humusreichen, kalkhaltigen, durchlässigen Böden mit einem warmen Klima sehr wohl. Auch sollte das Beet sonnig liegen. Er hat vom Frühherbst bis in den späten Frühling Saison. Der Fenchel sollte fest und feucht sein und das Grün frisch aussehen. Fenchel lässt sich bis zu 2 Wochen im Kühlschrank lagern.

Die Knolle ist ein feines Gemüse, das unseren Speiseplan durchaus um eine ganze Reihe leckerer und einfach herzustellender Gerichte erweitert und besonders gut zu Fisch passt.

Die Knollen enthalten neben den ätherischen Ölen, welche positive Wirkung auf Magen und Darm haben, viele Mineralien sowie die Vitamine A und C. Zum einen kann man die Knolle im Rohzustand verwenden und Salate oder Carpaccios daraus zubereiten. Hier tritt der dem Fenchel eigene Geschmack deutlicher hervor als in der gekochten, gedünsteten, frittierten oder gebratenen Variante. Zum anderen lassen sich aus dem Fenchel beispielsweise Suppen, lauwarme Salate, Aufläufe, Saucen oder Ofengerichte einfach und unkompliziert zubereiten. Das Fenchelgrün solltet ihr unbedingt mitverwenden. Es bereichert unter anderem Dressings, Mayonnaisen und Suppen.

Wir können daher nur empfehlen, diese köstliche Knolle beim Einkaufen nicht zu übersehen und sie öfter auf den Tisch zu bringen.

Für 4 Personen | Zubereitungszeit: 30 Minuten + 45 Minuten Backzeit

Fenchel-Lasagne

Eine schöne Variante der Lasagne ist diese mit Fenchel. Sie ist leicht bekömmlich und sehr aromatisch. Durch ihre mediterranen Zutaten erinnert sie uns an Urlaub am Meer.

2 Fenchelknollen
1 weiße Zwiebel
2 Knoblauchzehen
3 EL Distelöl
schwarzer Pfeffer aus der Mühle
1 Msp. frisch geriebene Muskatnuss
5 g Rosmarin
1 gute Msp. gemahlene Fenchelsamen
4 TL Mehl
250 ml Gemüsebrühe (Rezept Seite 12)
100 ml trockener Weißwein
100 ml Schlagsahne
70 g geriebener Pecorino
etwas Zitronenabrieb
1 Eigelb
150 g Lasagneblätter

Zubereitung

1) Die Fenchelknollen waschen und das Fenchelgrün abschneiden und aufbewahren.
2) Die Knolle in feine Scheiben mit 3–4 mm Dicke schneiden, genauso die Stiele. Dabei verholzte Stellen entfernen. Alles in kochendem Wasser ca. 4–5 Minuten blanchieren und danach in einem Sieb abtropfen lassen.
3) Die Zwiebel und den Knoblauch schälen und fein hacken. In einem Topf das Öl erhitzen und die Zwiebel und die Knoblauchzehen sowie etwas Pfeffer und die geriebene Muskatnuss darin anbraten. Den Rosmarin waschen und fein hacken, die Fenchelsamen mahlen oder mörsern. Beides in den Topf geben. Dann das Mehl unterrühren und für eine Weile mit anbraten. Dann alles mit der Gemüsebrühe ablöschen und den Wein dazugeben. Aufkochen lassen und die Sahne dazugeben. Die Flamme nun auf kleine Stufe stellen.
4) Nun den geriebenen Käse dazugeben und unterrühren, bis er sich komplett aufgelöst hat. Den Zitronenabrieb daruntermischen und abschmecken.
5) Alles vom Herd nehmen und etwas abkühlen lassen. Dann das Eigelb unterrühren.
6) Den Ofen auf 200 °C Ober-/Unterhitze vorheizen.
7) In einer geeigneten Auflaufform zuerst 2 Löffel Sauce verteilen und dann mit einer Schicht Lasagneblätter beginnen. Dann den Fenchel darübergeben und diesen im Anschluss mit einer dünnen Schicht Sauce bedecken. Diesen Vorgang wiederholen und mit einer Schicht Sauce über Fenchel abschließen. Für ca. 40–45 Minuten im Ofen goldbraun backen. Fertig ist die leckere, aromatische und vegetarische Lasagne.

Tipps

Ihr könnt statt Pecorino auch anderen Käse verwenden. Probiert statt frischem Rosmarin einmal frischen Thymian. Als Beilage passt dazu Blattsalat mit Senfdressing.

Für 4 Personen als Beilage | Zubereitungszeit: 15 Minuten + 25 Minuten Garzeit

vegan

Fenchel mit Oliven

Diese leckere Beilage besticht durch ihre leichte Art. Sie ist gut bekömmlich und spielt mit den verschiedensten Aromen der mediterranen Küche. Auch einfach mit italienischem Weißbrot genossen ein Gedicht.

3 Fenchelknollen
3 EL Olivenöl
Salz
Pfeffer
5 Knoblauchzehen
60 ml Rotwein
100 g Cocktail-Tomaten
250 ml Gemüsebrühe (Rezept Seite 12)
25 g grüne Oliven
2 Zweige Thymian
1 Prise Zucker
Zitronenabrieb

Zubereitung

1) Von den Fenchelknollen die Enden und die Stängel abschneiden und dann die Knollen längs halbieren.
2) Das Öl in einem großen Topf oder einer Pfanne mit Deckel erhitzen und die Hälfte des Fenchels bei mittlerer Hitze von beiden Seiten schön bräunen. Salzen und pfeffern. Den Fenchel herausnehmen und mit den anderen Fenchelhälften ebenso verfahren. Wenn alle Fenchelhälften fertig sind, aus dem Topf nehmen und beiseitestellen.
3) Den Knoblauch mit Schale zerdrücken und in den Topf gegeben, ggf. etwas Öl dazugeben und für 3–4 Minuten anbraten. Mit Rotwein ablöschen und aufkochen lassen.
4) Die Tomaten würfeln und mit der Brühe, den Oliven, dem Thymian und dem Zucker in den Topf geben. 1 Minute köcheln lassen, dann den Fenchel dazugeben. Abdecken und 20 Minuten köcheln lassen, bis der Fenchel weich ist. Mit Salz, Pfeffer und Zitronenabrieb abschmecken.

Tipp:

Dazu passen Gemüsestampf, Kartoffel-Wedges, italienisches Weißbrot oder Wildreis.

Für 4 Personen | Zubereitungszeit: 40 Minuten + 30 Minuten Garzeit

Fenchel-Karotten-Strudel

Die unterschiedlichsten Aromen verleihen dieser Mehlspeise einen außergewöhnlich guten Geschmack.

Füllung
380 g Fenchel
2 große Karotten
2 mittelgroße Zwiebeln
1 Knoblauchzehe
5 EL Olivenöl
1 gute Msp. gemahlene Fenchelsamen
1 TL Koriandersaat
1 EL Gin
1 TL süße Pflaumensauce
60 ml trockener Weißwein
20 g Rosinen
schwarzer Pfeffer aus der Mühle
½ TL getrocknete Orangenschalen
2 Zweige frischer Rosmarin
Abrieb einer ½ Zitrone
½ TL Rauchsalz
30 g Pinienkerne
150 g Ziegen-Fetakäse

Strudelteig
200 g Mehl (Type 405)
½ TL Salz
2 EL Öl
1 EL Apfelessig
Butter zum Bestreichen

Zubereitung

1) Den Fenchel, die Karotten, die Zwiebeln und den Knoblauch schälen, fein schneiden und zusammen in einem Topf mit dem Olivenöl anbraten. Die Fenchel- und Koriandersaat mahlen oder mörsern und dazugeben. Alles kurz anbraten. Dann mit dem Gin ablöschen und kurz weiterbraten. Nun die Pflaumensauce dazugeben. Den Weißwein angießen und die Rosinen hinzufügen. Pfeffern und die gehackten Orangenschalen dazugeben. Den Rosmarin waschen und hacken und mit dem Zitronenabrieb und dem Rauchsalz zufügen. Flüssigkeit verkochen und abkühlen lassen.
2) Die Pinienkerne in einer beschichteten Pfanne ohne Fett anrösten und den Käse grob zerbröseln. Beides unter die abgekühlte Fenchel-Karotten-Mischung geben.
3) Für den Strudelteig das Mehl, das Salz, das Öl, den Essig und 90-100 ml Wasser in eine Schüssel geben und mit den Händen zu einem glatten Teig kneten.
4) Den Teig auf die Arbeitsfläche geben und 5–10 Minuten kräftig durchkneten. Zu einer Kugel formen, dünn mit Öl bestreichen und abgedeckt eine halbe Stunde, besser 1 Stunde ruhen lassen. Den Backofen auf 200 ° Ober-/Unterhitze vorheizen.
5) Ein Geschirrtuch mit Mehl bestäuben und den Teig dünn darauf ausrollen. Anschließend den Teig über den Handrücken vorsichtig auseinanderziehen. Der Teig sollte sehr dünn sein, so dass ihr die Muster des Tuches darunter sehen könnt.
6) Den Teig mit Butter beträufeln. Die Füllung möglichst ohne Flüssigkeit auf das untere Drittel des Teiges geben. Die Seiten mit Hilfe des Geschirrtuches einschlagen und den Teig mit Hilfe des Tuches vorsichtig aufrollen. Mit der Naht nach unten auf ein Backblech setzen, mit Butter bestreichen und 30 Minuten goldbraun backen. Vor dem Anschneiden ca. 10 Minuten abkühlen lassen.

Fencheleintopf mit Paprika

Dieser schmackhafte Eintopf verzückt unsere Gaumen mit seiner mediterranen und fruchtig bis würzigen Note. Die darin enthaltenen bunten Gemüsesorten haben es in sich. In Kombination mit den leckeren Kräutern und Gewürzen lassen sie die Herzen aller Fans der Küchen rund um das Mittelmeer höherschlagen.

600 g Fenchelknollen
200 g rote Paprika
150 g Lauch
1 Knoblauchzehe
3 EL Olivenöl
Pfeffer
1 Msp. Zimt
1 Msp. Kurkuma
½ TL Paprikapulver
1 gute Msp. gemahlener Fenchel
3 EL Tomatenmark
500 ml heiße Gemüsebrühe
(Rezept Seite 12)
5 g frischer Thymian
½ TL Rohrzucker
240 g gekochte Kichererbsen
1 EL Butter
Meersalz

Zubereitung

1) Den Fenchel, die Paprikaschote und den Lauch gründlich waschen, putzen und in Streifen schneiden. Den Knoblauch schälen und fein hacken. Das Öl in einem Topf erhitzen und den Knoblauch sowie den Lauch darin anbraten. Pfeffer, Zimt, Kurkuma, Paprikapulver und fein gemahlene Fenchelsamen dazugeben. Unter Umrühren das Tomatenmark mit anschwitzen. Dann mit der Gemüsebrühe aufgießen. Alles fein pürieren.
2) Den Thymian waschen und die Blättchen abzupfen. Nun den Fenchel, den Thymian sowie den Rohrzucker dazugeben. Die Kichererbsen, die Paprikastücke und die Butter hinzufügen.
3) Alles so lange köcheln lassen, bis der gewünschte Gargrad erreicht ist – das dauert etwa 20–30 Minuten. Mit Meersalz abschmecken und warm genießen.

Tipps

Wer ein veganes Rezept möchte, tauscht die Butter gegen 1 EL Öl. Bei getrocknetem Thymian etwa ½ TL verwenden. Dazu passt getoastetes Baguette.

Für 2 Personen | Zubereitungszeit: 20 Minuten

vegan

Fenchelsalat mit Apfel und Rosinen

Dieser vorzüglich schmeckende Rohkostsalat ist ein wahres Gedicht. Die süßen und sauren Komponenten begleiten die frischen, anisartigen Aromen des Fenchels ausgezeichnet.

Salat
750 g Fenchel
1 Apfel (z.B. Topaz)
40 g Rosinen

Dressing
1 EL Sonnenblumenöl
3 EL Olivenöl
1 EL Ahornsirup
1 TL körniger Senf
1 EL Apfelessig
Salz
schwarzer Pfeffer aus der Mühle

Zubereitung

1) Den Fenchel waschen, halbieren und den Strunk keilförmig herausschneiden. Den Fenchel fein hobeln und das Fenchelgrün fein hacken.
2) Den Apfel halbieren, entkernen und in sehr dünne Scheiben schneiden. Die Rosinen waschen und abtropfen lassen. Den Fenchel mit den Rosinen und dem Fenchelkraut mischen.
3) Die Dressingzutaten mit 1 EL Wasser in ein Schraubglas geben und kräftig schütteln, dann über den Fenchel geben und vermischen. Den Salat auf einer Platte anrichten und die Apfelscheiben untermischen. Mit Salz und Pfeffer abschmecken.

Für 2 Personen | Zubereitungszeit: 10 Minuten + 20 Minuten Garzeit

Pasta mit Fenchel und Spinat

Pasta ist immer ansprechend und ein gutes Essen. In diesem Fall kombinieren wir die Hartweizennudeln mit der Fenchelknolle und den Fenchelsamen zu einem grandiosen Geschmackserlebnis.

Meersalz
160 g Fettuccine oder andere breite Nudeln
1 große Fenchelknolle (360 g)
2 große Knoblauchzehen
½ TL Fenchelsamen
2 EL natives Olivenöl extra
3 EL Crème fraîche
Abrieb und Saft einer ½ Zitrone
60–80 g Baby-Spinat
Pfeffer
Pecorino zum Garnieren

Zubereitung

1) Einen großen Topf mit reichlich Salzwasser zum Kochen bringen und die Nudeln all dente kochen. Abgießen und etwas Nudelwasser auffangen.
2) Den Fenchel der Länge nach halbieren und den Strunk keilförmig herausschneiden. Die Fenchelhälften der Länge nach in Streifen schneiden.
3) Den Knoblauch schälen und fein hacken. Die Fenchelsamen ohne Öl in einer Pfanne anrösten. Dann das Öl und den Fenchel dazugeben und anbraten. Anschließend den Knoblauch in die Pfanne geben und anbraten, bis der Fenchel etwas Farbe angenommen hat.
4) Die Crème fraîche und die Zitronenschale hinzufügen und umrühren. Den Spinat und die Nudeln in die Pfanne geben und nach Bedarf Nudelwasser angießen. Mit Salz, Pfeffer und Zitronensaft abschmecken.
5) Auf Teller anrichten und nach Wunsch mit Pecorino bestreuen.

Gerösteter Ofenfenchel mit Polenta

Fenchel kann man sehr gut roh genießen. Aber auch in einer Ofen-Variation kommt er sehr fein und beeindruckend daher. Die leckere cremige Polenta rundet das Gericht farblich und geschmacklich perfekt ab, finden wir.

Fenchel
600 g Fenchel
2–3 EL Olivenöl
Salz
Pfeffer

Polenta
400 ml Gemüsebrühe (Rezept Seite 12)
250 ml Milch
150 g weißer oder gelber Maisgrieß (Polenta)
70 g Pecorino
1 EL Butter
1 EL gehackte Petersilie

Sauce
2 rote Zwiebeln
2 Knoblauchzehen
3 EL Olivenöl
1 EL Butter
Salz
1 Prise Zimt
½ TL Kurkuma
1 Prise Zucker
2 EL Tomatenmark
6 EL Rotwein
Zitronenabrieb
1 kleiner Chili
4 EL geschlagene Sahne

Zubereitung

1) Den Backofen auf 200 °C Ober-/Unterhitze vorheizen. Den Fenchel waschen und vierteln, dabei die holzigen Stängel und die Enden abschneiden.
2) Die Fenchelspalten auf ein Backblech legen und mit etwas Öl, Salz und Pfeffer würzen. 30 Minuten knusprig rösten, dazwischen evtl. den Fenchel wenden.
3) Für die Polenta die Brühe und die Milch aufkochen. Die Polenta hinzufügen und auf niedriger Stufe unter Rühren nach Packungsanleitung garkochen. Zum Schluss geriebenen Käse, Butter und Petersilie untermischen und mit Salz abschmecken.
4) Für die Sauce die Zwiebeln und die Knoblauchzehen schälen und in kleine Stücke schneiden. In einem Topf das Öl und die Butter erhitzen und die Zwiebeln und den Knoblauch darin anbraten. Salz nach Geschmack, Zimt, Kurkuma und Zucker hinzufügen und gut rühren. Das Tomatenmark dazugeben und sanft weiterrühren. Das Tomatenmark darf nicht anbrennen. Dann mit 200–250 ml heißem Wasser ablöschen. Den Wein und den Zitronenabrieb sowie den entkernten Chili dazugeben. Alles auf kleinster Stufe ca. 15 Minuten köcheln lassen. Dann den Herd ausschalten und die Sauce gut pürieren. Zum Schluss die geschlagene Sahne unterheben.
5) Die Polenta auf Tellern anrichten und mit dem Fenchel und der Sauce garnieren.

Mairübe

Eine kleine und feine, meist weißliche bis zart rosafarbene Rübe aus hiesigen Landen ist die kleine Mairübe, auch Navette genannt, die zur Gattung des Kohls (Brassica) gehört. Ihren Namen verdankt sie der Tatsache, dass die kleine Rübe bereits im Mai geerntet werden kann.
Mairübchen bevorzugen einen sonnigen Standort und leichten, humosen bis lehmigen Sandböden. Sie werden ab März bis August direkt ins Freiland gesät. Nach 6–8 Wochen kann man die Mairüben schon ernten. Im Handel gibt es sie ab Mai bis in die Herbstmonate. Mairüben lassen sich nicht für lange Zeit lagern, am besten verzehrt man sie frisch.
Je nach Sorte bilden sie außen weiße bis weiß-violette Rüben. Das Fleisch ist meist weiß.
Aufgrund des hohen Wasseranteils hat die Mairübe sehr wenige Kalorien, enthält aber relativ viel Kalium und Vitamine.
Gedünstet oder roh kann sie in Form von Beilagen oder Salaten genossen werden, und auch als Suppeneinlage, vom Backblech oder frittiert und paniert schmeckt das kleine weiße Rübchen vorzüglich. Die Mairübe ist eine Rübe, die unterschätzt wird und leider viel zu selten in unseren Töpfen und Pfannen landet. Wir finden, das könnte sich ruhig ändern.

Geröstete Curry-Mairüben

Ganz einfach und ganz lecker: Mairüben schnell und schmackhaft zubereitet. Hier eine Variante aus dem Ofen mit leckerer Currynote. Das schmeckt doch mindestens genauso gut wie wilde Kartoffeln, finden wir.

2 Mairüben

Marinade
½ Bund Petersilie
½ TL Meersalz
2 TL Currypulver
¼ TL Cayennepfeffer
1 Prise Zucker
3 EL Olivenöl

Zum Servieren
150 g griechischer Joghurt
50 g gekochte Linsen
Granatapfelkerne
schnell eingelegte rote Zwiebeln (Rezept Seite 224)
½ Bund Petersilie

Zubereitung

1) Den Backofen auf 200 °C (Ober/-Unterhitze) vorheizen.
2) Die Mairüben waschen, ggf. schälen und dann in Würfel schneiden.
3) Die Petersilie fein hacken. Die Zutaten für die Marinade vermischen und die Rübenwürfel damit vermengen. Auf ein Backblech geben und 25–30 Minuten goldbraun garen, dabei einmal wenden.
4) Mit etwas Joghurt, Linsen, Granatapfelkernen und Zwiebeln servieren. Die Petersilie hacken und mit der gehackten Petersilie bestreuen.

Als Vorspeise für 4 Personen | Zubereitungszeit: 20 Minuten + 12 Stunden Einweichen + 40 Minuten Garzeit

vegan

Mairübe à la Provence

Die Mairübe ist eine tolle Erdfrucht. Sie schmeckt besonders fein, ist einfach zuzubereiten und lässt sich ausgesprochen gut mit anderen Aromen kombinieren. Hier trifft sie auf leckere Kräuter, Senf und Oliven.

Weiße Variante

250 g Flageolet-Bohnen
1 ½ TL Backnatron
2 Lorbeerblätter
3 Mairüben
5 Stängel Petersilie
1 Lauchzwiebel
¼ Knoblauchzehe
1 EL grobkörniger Senf
1 TL süßer Senf
weißer Pfeffer
1 TL Ahornsirup
2 EL Gurkenwasser
2 EL milder Apfelessig
3–4 EL Olivenöl
15–20 Fenchelsamen
1 TL grobes Rauchsalz
15 schwarze oder grüne Oliven mit Stein
5 Stängel frisches Bohnenkraut

Rote Variante

1 Zwiebel
3 frische Knoblauchzehen
3 Zweige Thymian
2 Zweige Rosmarin
4 EL Olivenöl
Meersalz
schwarzer Pfeffer aus der Mühle
1 Msp. Zimt
½ TL Kurkuma
300 ml Passata di Pomodore
2 reife Tomaten
etwas Abrieb einer unbehandelten Zitrone
1 Prise Zucker

Zubereitung Weiße Variante:

1) Die Bohnen mindestens 12 Stunden in kaltem Wasser mit 1 TL Backnatron einweichen.
2) Die doppelte Menge an Wasser zum Kochen bringen und die abgewaschenen Bohnen mit den Lorbeerblättern und ½ TL Backnatron so lange kochen, bis die Bohnen weich sind – das dauert ca. 30–60 Minuten. Abgießen und beiseitestellen.
3) Die Rüben gut säubern, ggf. schälen und in ca. 1 ½ cm große Stücke schneiden. Danach blanchieren, in zwei Hälften teilen und beiseitestellen.
4) Die Petersilie fein hacken; die Lauchzwiebel fein schneiden. Das Viertel der Knoblauchzehe fein zerdrücken und mit den Senfsorten, dem Pfeffer, dem Ahornsirup, der Petersilie, der Lauchzwiebel, dem Gurkenwasser, dem Essig und dem Öl verrühren. Die Fenchelsamen mit dem groben Rauchsalz zermahlen und dazugeben. Die Hälfte der blanchierten Rüben mit den Bohnen, den Oliven, dem gehackten Bohnenkraut und der Sauce vermischen.

Rote Variante:

Zwiebel und Knoblauch schälen und fein hacken, den Thymian und den Rosmarin waschen und fein hacken. Dann kurz in Olivenöl anbraten, salzen und pfeffern. Zimt und Kurkuma hinzufügen, verrühren und kurz anbraten. Die Passata angießen und auf kleiner Flamme ca. 20 Minuten köcheln lassen. Die Tomaten waschen und würfeln. Den Zitronenabrieb, die Tomatenwürfel und den Zucker dazugeben. Vom Herd nehmen und mit dem zweiten Teil der blanchierten Rüben vermengen. Nochmals abschmecken.

Tipps

Rotwein und gutes frisches Weißbrot passen hervorragend dazu. Die beiden Varianten können einzeln oder in Kombination angerichtet werden. Statt des Ahornsirups kann auch Weißtannenhonig Verwendung finden. Wer mag, kann für einen besonders guten Geschmack ca. 2 Zweige Lavendel ins Bohnen-Kochwasser geben.

Nudelauflauf mit gerösteten Mairüben und Zucchini

Ganz leicht und total einfach zubereitet. Dieser äußerst schmackhafte Auflauf lebt von den guten, aromatischen Zutaten.

400 g Mairüben (ca. 2 Stück)
700 g Zucchini (ca. 3 Stück)
3 EL Olivenöl
Salz
Pfeffer
Abrieb einer ½ Zitrone
1 TL frischer, fein gehackter Rosmarin
150 g Pasta (kleine Muschelnudeln oder andere kurze Nudeln)
½ Bund Petersilie
200 g Crème fraîche
¼ TL frisch geriebene Muskatnuss
50 g Pecorino

Zubereitung

1) Den Backofen auf 200 °C Ober/-Unterhitze vorheizen.
2) Die Mairüben und die Zucchini gut waschen und die Enden abschneiden. Die Zucchini in Scheiben schneiden und die Mairüben in Würfel. Beides auf einem Backblech verteilen und mit Olivenöl, etwas Salz, Pfeffer, Zitronenabrieb und Rosmarin mischen. Nun 25–35 Minuten rösten, bis das Gemüse gebräunt ist.
3) In der Zwischenzeit die Nudeln in Salzwasser al dente kochen. Ca. 1 Tasse Nudelwasser auffangen und die Nudeln zurück in den Topf geben. Die Petersilie fein hacken. Die Nudeln mit der Crème fraîche, etwas gehackter Petersilie, der Muskatnuss und der Hälfte des geriebenen Käses vermischen.
4) Nun etwas Nudelwasser angießen, um eine cremige Sauce zu bekommen. Das Ofengemüse untermengen, in eine Auflaufform geben, mit dem restlichen Käse und der restlichen Petersilie bestreuen und nochmals 10 Minuten in den Ofen schieben.
5) Auf Teller verteilen und mit einem Salat servieren.

Für 2 Personen | Zubereitungszeit: 15 Minuten + 10 Minuten Garzeit

vegan

Mairüben-Shiitake-Nudel-Bowl

Die leckere weiße Rübe haben wir diesmal auf fernöstliche Art zubereitet. In der Bowl leisten ihr gute Freunde wie Koriander, Pilze und grüne Erbsen Gesellschaft.

80–100 g gefrorene grüne Erbsen
10 frische Shiitake-Pilze
2 Mairüben
2 Karotten
2 Knoblauchzehen
3 EL Rapsöl
2 EL geröstetes Sesamöl
1–2 EL dunkle Miso-Paste
1 EL Pflaumensauce
Pfeffer
2 EL Sojasauce
125 g Asia-Nudeln
1 Frühlingszwiebel
frischer Koriander
Zitronenabrieb

Zubereitung Weiße Variante:

1) Die Erbsen in warmen Wasser auftauen lassen. Beiseitestellen.
2) Die Pilze vorsichtig säubern, vom Stiel befreien und halbieren. Die Mairüben und die Karotten säubern und gegebenenfalls schälen, anschließend in ca. 5 mm dicke Scheiben schneiden. Wer mag, sticht Formen aus dem Gemüse aus.
3) Den Knoblauch schälen und in Scheiben schneiden. In einem Topf beide Ölsorten erhitzen und den Knoblauch darin anbraten. Die Miso-Paste und die Pflaumensauce dazugeben und pfeffern. Mit 750 ml heißem Wasser ablöschen und alles gut umrühren. Die Paste sollte sich komplett auflösen. Nun die Sojasauce dazugeben. Das ausgestochene Gemüse hinzufügen und bei kleiner Flamme ziehen lassen.
4) In einem separaten Topf die Nudeln nach Packungsanleitung zubereiten.
5) Die Frühlingszwiebel und den Koriander fein schneiden. In den Suppentopf noch etwas Zitronenabrieb und die halbierten Pilze geben. Dann die Suppe vom Herd nehmen und die aufgetauten Erbsen unterrühren.
6) Zum Schluss alles zusammenstellen. Beispielsweise eine Portion der abgetropften Nudeln in eine Schale geben und mit der heißen Pilz-Gemüse-Suppe übergießen. Dann mit etwas Frühlingszwiebeln und Koriander bestreuen und genießen.

Tipps

Wer mag, kann etwas Eierstich dazugeben. Statt Erbsen kann man Edamame verwenden, weiße Bohnen gehen auch. Statt Pflaumensauce könnt ihr etwas braunen Zucker verwenden. Die Ausstecherreste könnt ihr beispielsweise in einem Omelett verarbeiten oder für einen Salat verwenden. Statt Shiitake könnt ihr auch Mu-Err-Pilze verwenden. Ein Spritzer Reiswein oder Reisessig können die Suppe abrunden.

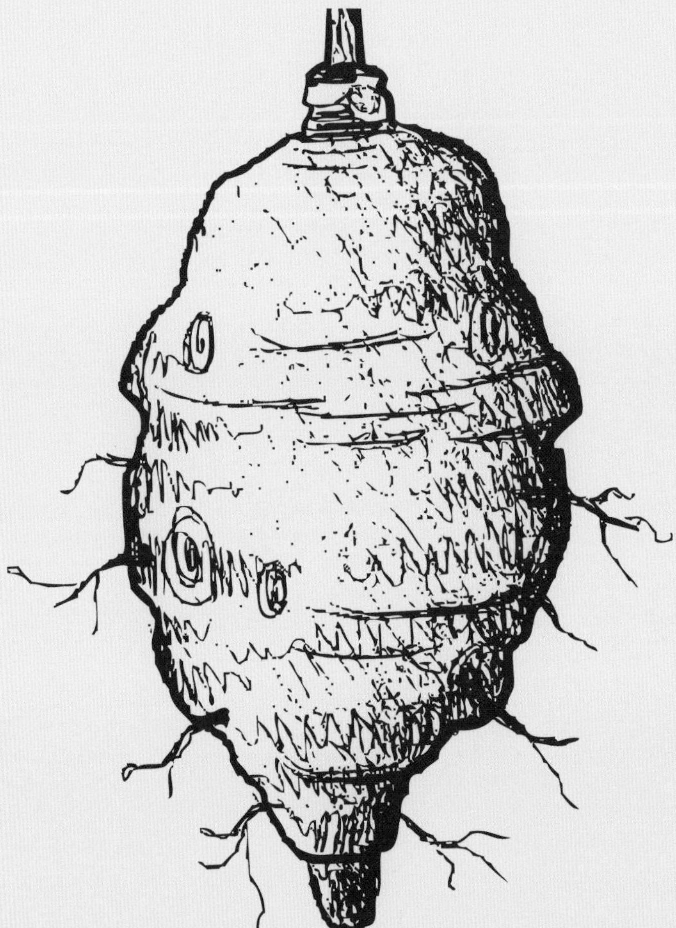

Topinambur

Den Namen hat der ein oder andere von uns schon einmal gehört. Aber was verbirgt sich dahinter? Der Name dieser Knolle ist vom Namen eines indigenen Volkes aus Südamerika entliehen, da die Knolle beziehungsweise die Blume, zu der die Knolle gehört, von dort zu uns gekommen ist. Deshalb wird sie auch manchmal Indianerknolle genannt. Andere Namen sind Erd- oder Jerusalem-Artischocke oder Erdbirne.

Topinambur ist eine mit unserer Sonnenblume verwandte Pflanze, die genau wie diese auch gelbe Blüten bildet – nur eben nicht ganz so große. Die Pflanze blüht ab September mit vielen gelben Blüten und kann bis zu 3 Meter hoch werden. Sie ist schnellwachsend und wird daher gerne als Sichtschutz gepflanzt. Sie verbreitet sich auch sehr stark, wenn man nicht alle Knollen erntet. Geerntet wird sie im Spätherbst und in den Wintermonaten.

Wir verspeisen die dünnhäutigen Wurzelknollen dieser Blume. Die Knollen werden etwa so groß wie kleine bzw. mittelgroße Kartoffeln und bilden auch sogenannte Augen. Aus diesen können sich bei entsprechenden Bedingungen wieder neue Sprossen der Blume bilden. Das Fruchtfleisch schimmert weiß, rötlich oder gelblich. Äußerlich ähneln die Knollen der Ingwerwurzel. Sie sind winterhart, lassen sich jedoch nicht so lange lagern. Nach kurzer Zeit werden sie schrumpelig, also sollte man sie am besten frisch verarbeiten.

Die Knolle kann sowohl roh genossen als auch gebraten, frittiert, gekocht und püriert werden. All denjenigen, die sich bisher nicht an das herrliche Gemüse herangetraut haben, sei gesagt: Nur zu – es lohnt sich, denn der Geschmack ist einzigartig und die Knolle ist sehr gesund. Unter anderem enthält sie das Präbiotikum Inulin. Sie erinnert geschmacklich etwas an unreife Haselnüsse und hat gekocht ein an Bienenwachs erinnerndes Aroma.

Um diese tolle Erdfrucht einmal kennenlernen zu können, geht ihr am besten auf euren Lieblingswochenmarkt und haltet nach dieser goldbraunen bis rosafarbenen Knolle Ausschau. Erntereif ist sie von etwa November bis März.

Zum Einstieg könntet ihr die Knolle zum Beispiel mit gekochten Karotten und Kartoffeln zu einer Art Stampf vermischen. Gerade die Weihnachtszeit bietet sich hierfür ideal an. Wer die Knolle mag, legt sie ein, frittiert sie oder versucht sie auch mal roh im Salat oder im Kuchen.

Topinambur-Chips mit Sour Cream

In diesem Rezept verzehren wir die schmackhaften Knollen ganz einfach mit einem cremigen Dip.

Chips
480 g Topinambur
Öl zum Frittieren
Meersalz

Sour Cream
90 g Schmand
1 TL Mayonnaise
1 EL Joghurt
¼ Knoblauchzehe
Schnittlauch
Salz
Pfeffer

Zubereitung

1) Die Topinambur gut waschen und trocken tupfen. Auf einer Reibe dünn hobeln.
2) Das Öl in einem Topf erhitzen und portionsweise die Topinamburscheiben frittieren. Auf Küchenpapier abtropfen lassen.
3) Für den Dip den Schmand mit der Mayonnaise und dem Jogurt mischen. Die Knoblauchzehe schälen und zerdrücken und den Schnittlauch in feine Röllchen schneiden. Mit den restlichen Zutaten verrühren und mit Salz und Pfeffer abschmecken.
4) Die Topinambur-Chips salzen und mit der Sour Cream servieren.

Gemüseknödel-Suppe

Eine liebliche und gleichzeitig herzhafte Gemüsesuppe mit leckeren Gemüseknödeln aus Topinambur und Kartoffeln. Die aus Wurzelgemüse gefertigten Knödel ergänzen die Gemüsesuppe um eine interessante und sättigende Komponente.

Knödel
600 g Topinambur
220 g vorwiegend festkochende Kartoffeln
1 EL Butter
frisch geriebene Muskatnuss
Salz
Pfeffer
2 EL Crème fraîche
100 g Mehl
1 TL Backpulver
1 Ei

Suppe
1 Zwiebel
160 g Karotten
140 g Lauch
2 EL Olivenöl
Pfeffer
2 Zweige Thymian
2 EL Mehl
1,2 l heiße Gemüsebrühe (Rezept Seite 12)
frische Petersilie zum Garnieren

Zubereitung

1) Die Topinambur und die Kartoffeln schälen, dann in Würfel schneiden. Beides in einen Topf mit Wasser geben und weich garen. Abgießen, mit einem Kartoffelstampfer gut zerdrücken und dann mit Butter, Muskatnuss, Salz, Pfeffer und Crème fraîche verrühren. Die Knödelmasse abkühlen lassen und dann das Mehl mit dem Backpulver mischen, mit dem Ei zur Kartoffelmasse geben und gut vermischen.
2) In der Zwischenzeit die Suppe zubereiten. Die Zwiebel schälen und fein würfeln. Die Karotten schälen und in Scheiben schneiden. Den Lauch gut putzen, halbieren und in feine Halbmonde schneiden.
3) Das Öl in einem Topf erhitzen und die Zwiebel bei mittlerer Hitze unter gelegentlichem Rühren bräunen.
4) Die Karotten und den Lauch dazugeben und 5 Minuten mit anbraten. Mit Pfeffer und Thymian würzen. Das Mehl hinzugeben, mit dem Gemüse gut verrühren und anrösten. Dann unter Rühren mit der Gemüsebrühe ablöschen und 20 Minuten köcheln lassen.
5) Nach 20 Minuten je einen Esslöffel der Knödelmasse abnehmen und in die leicht köchelnde Suppe geben. Die Masse ergibt ca. 12 Knödel. Weitere 10–15 Minuten bei niedriger Temperatur simmern lassen.

Für 2 Personen | Zubereitungszeit: 10 Minuten + 30 Minuten Garzeit

Ofen-Topinambur mit Kurkuma-Sauce

Dieser frühlingshafte, leichte und minimal exotische Schmaus ist etwas für Fans von Blumenknollen und leichten Kräutern. Obwohl wir nur wenige Zutaten verwenden, ist dieses Rezept eine wahre Geschmacksexplosion.

Ofen-Topinambur
450 g Topinambur
Meersalz
Cayennepfeffer
½ TL Currypulver
2 EL Olivenöl

Sauce
100 g Sojajogurt natur
20 g Crème fraîche
¼ Knoblauchzehe
½ TL Kurkumapulver
Salz
Pfeffer
1 TL Ahornsirup
½ Bund frischer Dill
frische Petersilie zum Garnieren

Zubereitung

1) Den Backofen auf 200 °C Ober/-Unterhitze vorheizen.
2) Die Topinambur gut waschen und mit der Schale halbieren oder vierteln.
3) Salz, Cayennepfeffer, Currypulver und Öl in einer Schale mischen, die Topinambur dazugeben und vermengen. Auf ein Backblech geben und 30 Minuten goldbraun backen.
4) In der Zwischenzeit Joghurt, Crème fraîche, zerdrückte Knoblauchzehe, Kurkumapulver, Salz, Pfeffer und Ahornsirup cremig verrühren. Den Dill hacken und unter die Sauce mischen.
5) Die Topinambur aus dem Ofen nehmen, mit der Sauce beträufeln und mit gehackter Petersilie garnieren.

Tipp:

Statt Sojajoghurt könnt ihr auch Joghurt eurer Wahl nehmen.

Topinambur-Pilz-Tarte

Eine Tarte, also eine Art Kuchen – und das mit Pilzen, geht das? Ja, sogar ausgezeichnet, wie wir finden. Diese herzhafte Pilz-Tarte ist eine schöne Vorspeise oder kann auch mit einem leckeren leichten Salat als Hauptgang serviert werden.

Mürbeteig
150 g Dinkelmehl (Type 630)
80 g kalte Butter
2 EL kaltes Wasser
1 Prise Salz

Belag
1 Zwiebel
1 Knoblauchzehe
1–2 Zweige frischer Thymian
200 g Topinambur
1 Karotte
150 g Champignons
3 EL Albaöl oder Olivenöl
35 g Baby-Spinat
3 Eier
80 ml Milch
80 ml Sahne
70 g geriebener Gruyère oder Bergkäse
Pfeffer
Salz
frische Petersilie zum Garnieren

Zubereitung

1) Die Zutaten für den Mürbeteig in eine Küchenmaschine geben und zu einem glatten Teig mixen. Alternativ mit den Händen verkneten. Auf einer leicht bemehlten Arbeitsfläche den Teig ausrollen und damit die Tarteform auslegen, überstehenden Teig abschneiden. In den Kühlschrank stellen und die Füllung vorbereiten.
2) Die Zwiebel und den Knoblauch schälen und fein hacken. Die Thymianblättchen abzupfen, die Topinambur und die Karotte gut waschen, ggf. schälen und in Scheiben schneiden. Die Pilze säubern und ebenfalls in Scheiben schneiden.
3) Den Backofen auf 180 °C Ober/-Unterhitze vorheizen.
4) Das Öl in einer Pfanne erhitzen, die Zwiebel, den Knoblauch und den Thymian glasig dünsten. Dann die Pilze hinzugeben und auf kleiner Flamme 5 Minuten braten, bis die Flüssigkeit der Pilze verdampft ist. Dann die Topinambur und die Karotten hinzugeben und kurz mit anbraten. Den Spinat grob hacken und untermischen.
5) Die Eier, die Milch, die Sahne, den Käse sowie Pfeffer und Salz gut vermischen.
6) Den Tarteboden mit einer Gabel einstechen, das Gemüse darauf verteilen und die Eiermischung gleichmäßig darübergießen. Auf der mittleren Schiene ca. 30 Minuten goldgelb backen. 10 Minuten abkühlen lassen und mit etwas gehackter Petersilie bestreut genießen.

Tipp

Topinambur kann man mit Schale verzehren.

Für 10 Stück | Zubereitungszeit: 10 Minuten + 30 Minuten Backzeit

Topinambur-Mandel-Muffins

Köstliche Muffins – schnell und einfach selbst gemacht. Die Topinambur geben dem Muffin ein tollen Touch. Zusätzlich haben wir die Teigwaren noch mit aromatischen Mandeln verfeinert. Wer mag, trinkt noch einen leckeren Gewürz-Tee oder Chai-Latte dazu.

Teig

160 g Dinkelmehl (Type 630)
90 g Zucker
1 ½ TL Zimt
1 TL Backpulver
1 Prise Salz
180 ml Sonnenblumenöl
1 TL Vanillepaste
Abrieb einer ½ Bio-Orange
2 Eier
200 g Topinambur
40 g geröstete und gehackte Mandeln

Frosting

150 g Mandel-Frischcreme oder normaler Frischkäse
50 g Puderzucker
etwas Orangenabrieb zum Abschmecken
gehackte Mandeln zum Verzieren

Zubereitung

1) Den Backofen auf 180 °C Ober/-Unterhitze vorheizen. Eine Muffinform fetten oder mit Muffinförmchen auslegen.
2) Das Mehl, den Zucker, den Zimt, das Backpulver und das Salz in eine Schüssel geben und mischen.
3) In einer zweiten Schale Öl, Vanillepaste, Orangenabrieb und Eier vermischen.
4) Die Topinambur gut abwaschen und mit Schale fein reiben.
5) Die Mehlmischung, die Topinambur und die Mandeln zur Ölmischung geben und verrühren. Den Teig gleichmäßig auf die Förmchen verteilen und auf der mittleren Schiene 20–30 Minuten backen.
6) Mit einem Holzstäbchen testen, ob die Küchlein gar sind. Bleibt kein Teig mehr hängen, sind die Muffins fertig.
7) 5 Minuten in der Form lassen und dann auf einem Kuchengitter komplett abkühlen lassen.
8) In der Zwischenzeit die Mandel-Frischcreme, den Zucker und den Orangenabrieb mit einem Schneebesen verrühren und kaltstellen.
9) Wenn die Muffins abgekühlt sind, mit dem Frostig bestreichen und mit gehackten Mandeln verzieren.

Tipps

Der Teig reicht auch für eine Kastenform (20 cm). Dann etwas länger backen. Bei nicht so hübschen Exemplaren die Topinambur schälen.

Kartoffel

Dazu brauchen wir euch ja gar nicht so viel zu erzählen, denn die leckere, meist gelbe Knolle ist eine in Deutschland und vielen anderen Ländern sehr beliebte Zutat. Vor einigen hundert Jahren vermutlich von europäischen Seeleuten aus Südamerika nach Europa gebracht, war der Siegeszug der Knolle nach einigen experimentellen Überraschungen nicht mehr aufzuhalten. So hat sich bei uns eine südamerikanische Erdfrucht zeitweise als Hauptnahrungsmittel, zumindest aber nachhaltig als Grundnahrungsmittel durchgesetzt.

Die Kartoffel wurde natürlich über lange Zeit hinweg weitergezüchtet, um so ihre Inhaltsstoffe, ihre Farbe und ihre Kocheigenschaften zu modifizieren. Das Ergebnis kann sich durchaus sehen lassen, auch wenn der Trend mittlerweile wieder weg von den riesigen, geschmacklich eher armen Sorten hin zu älteren, aromatischen und teils kleineren Varianten geht. Man schätzt, dass es weltweit über 2000 Sorten gibt, die sich auch in der Farbe des Fruchtfleisches unterscheiden: Es gibt weißliche, gelbe, rötliche und sogar violette Sorten.

Kartoffeln werden nicht gesät, sondern man verwendet Saatkartoffeln. Sie gedeihen auf leichten bis mittelschweren Böden. Staunässe sollte vermieden werden. Geerntet werden Kartoffeln im Frühsommer bis in den späten Herbst. Danach stammen sie meistens aus Lagerbeständen. Sie sollten möglichst ungewaschen in einer braunen Tüte an einem kühlen Ort gelagert werden.

Kartoffeln werden nach ihren Kocheigenschaften in festkochend, vorwiegend festkochend und mehligkochend unterschieden.

Grob gesagt können wir festhalten, dass sich die festkochenden Sorten eher für Salate, die vorwiegend festkochenden Kartoffeln als Beilage oder zum Beispiel zur Herstellung von Fritten und die Mehligen beispielsweise für Kartoffelbrei, Gnocchi, Kartoffelsuppe oder auch zum Backen eignen. Egal also ob blauschalig, rotschalig, braunschalig, ob fest- oder mehligkochend, ob alte Sorte oder riesige Zuchtknolle, die Kartoffel – da machen wir uns alle nichts vor – ist von unserem Speiseplan nicht mehr wegzudenken. Warum auch? Sie liefert uns doch so tolle, geschmacklich würzige bis feine Beilagen, ist Sättigungsmittel und eine schnell, einfach und mannigfaltig zu verarbeitende Knolle. Daumen hoch für diese tolle Erdfrucht und für alle, deren Küche sie bereichert.

Für 3 Personen | Zubereitungszeit: 20 Minuten + 25 Minuten Garzeit

Kartoffel-Curry-Salat mit Rettich

Kartoffelsalat kennen wir ja alle: Während er im Norden Deutschlands eher mit Mayonnaise zubereitet wird, ist südlich des Mains eher die Essig-Öl-Variante in aller Munde. Diese Variante dürfte eine Art exotischer Fusion sein. Unbedingt ausprobieren!

500 g festkochende Kartoffeln
7 g Blattpetersilie
15 g Schnittlauch
1 Karotte
200 g weißer Rettich
6 Radieschen
2 Schalotten
1 EL milder Obstessig (z.B. Apfel-, Himbeer-, Birnen- oder Quittenessig)
4 EL Sonnenblumenöl
3 EL Weißwein
1–2 EL Gurkenwasser (Flüssigkeit aus dem Gurkenglas)
80 g saure Essiggurken
Meersalz
3 TL Mayonnaise
4 EL Joghurt
1 EL Senf
1 TL Currypulver
4 gemahlene Pimentkörner
etwas Rauchsalz
Pfeffer
Saft einer Mandarine

Zubereitung

1) Die Kartoffeln vorab garen und etwas abkühlen lassen; sie sollten aber zum Verarbeiten noch lauwarm sein. Die Kräuter und das Gemüse waschen und putzen. Die Karotte stifteln, den Rettich hobeln und die Radieschen in Scheiben schneiden. Die Kräuter fein hacken und die Schalotten schälen und fein hacken. Dann diese mit dem Essig, dem Öl, dem Weißwein, dem Gurkenwasser, den in feine Scheiben geschnittenen Essiggurken und Meersalz nach Geschmack etwas marinieren.
2) Die Karotte, den Rettich und die Radieschen dazugeben und alles gut umrühren. Etwas ziehen lassen.
3) In einer Schale die Mayonnaise, den Joghurt, den Senf, das Curry, die gemahlenen Pimentkörner, das Rauchsalz, etwas Pfeffer und den Mandarinensaft miteinander vermengen. Die Kartoffeln pellen und in Scheiben schneiden. Alles anschließend zu den anderen Zutaten geben und nochmals gut mischen. Evtl. nochmals abschmecken und vor dem Servieren etwas ziehen lassen.

Tipps

Fehlt Flüssigkeit, einfach nochmals Mandarinensaft und Mayonnaise dazugeben. Statt Petersilie passt auch Liebstöckel. Der Senf sollte nicht zu scharf sein.

Für 2 Personen | Zubereitungszeit: 15 Minuten + 25 Minuten Garzeit

Kartoffel-Fritatta

Dieses Kartoffel-Rezept ist der iberischen Küche entlehnt. Viele von uns kennen das klassische Pfannengericht aus dem Urlaub in Spanien oder Portugal. Es ist ganz leicht und schnell selbst zuzubereiten.

350 g gekochte Pellkartoffeln
1 Zwiebel
1 Knoblauchzehe
3 EL Olivenöl
1 rote Paprikaschote
80 g gefrorene oder frische grüne Erbsen
20 g Hartkäse
½ Bund Petersilie
4 Eier
geriebene Muskatnuss
Salz

Zubereitung

1) Den Backofen auf 200 °C Ober-/Unterhitze vorheizen.
2) Die Kartoffeln schälen und in Scheiben schneiden. Die Zwiebel und den Knoblauch schälen und fein hacken.
3) In einer ofenfesten Pfanne die Kartoffeln in Olivenöl anbraten. Den Knoblauch und die Zwiebeln hinzufügen und mit anbraten. Die Paprika in Würfel schneiden und ebenfalls in die Pfanne geben. Die Erbsen hinzufügen.
4) Den Käse reiben und die Petersilie fein hacken. Eier, Muskatnuss, Käse, Petersilie und Salz vermischen. Die Eiermischung über die Kartoffelmischung geben und 20–25 Minuten im Ofen backen. Vor dem Verzehr 5–10 Minuten abkühlen lassen.
5) Die Frittata schmeckt auch lauwarm und eignet sich toll als Meal Prep.

Für 3 Personen | Zubereitungszeit: 10 Minutenn + 25 Minuten Garzeit

Kartoffel-Lauch-Suppe

Eine leckere und leicht verträgliche Mahlzeit und ein Klassiker, den die meisten von uns aus ihren Kindertagen noch gut kennen. Selbst gemacht erfährt dieses Urgestein ein prima Comeback.

450 g mehligkochende Kartoffeln
1 Stange Lauch
1 Zwiebel
4 EL Olivenöl
1 EL Mehl
1 Lorbeerblatt
300 ml Gemüsebrühe
100 ml Sahne
schwarzer Pfeffer
1 TL Senf
Muskatnuss
Meersalz
50 ml Weißwein
6–7 Stängel Petersilie

Zubereitung

1) Die Kartoffeln schälen und in Würfel schneiden. Den Lauch sehr gut putzen und in dünne Ringe schneiden.
2) Die Zwiebel schälen, fein würfeln und in Olivenöl anbraten.
3) Das Mehl hinzugeben, gut verrühren und das Ganze mit 200 ml heißem Wasser ablöschen. Gut rühren, damit sich keine Klumpen bilden.
4) Das Lorbeerblatt, die Gemüsebrühe, die Sahne, etwas Pfeffer, den Senf und die Kartoffeln hinzufügen. 20 Minuten köcheln lassen.
5) Anschließend den Lauch, etwas Muskatnuss und Salz sowie den Weißwein hinzugeben und 10 Minuten sachte köcheln lassen. Die Petersilie hacken und vor dem Servieren untermischen.

Für 4 Personen | Zubereitungszeit: 20 Minuten + 1 Stunde Ruhezeit + 25 Minuten Backzeit

Kartoffelpizza

Pizza kennen und lieben wir alle. Hier helfen wir der vorzüglichen Hefeteig-Disc mit Erdäpfeln und vollmundiger Crème fraîche auf die Sprünge.

Teig
200 g Mehl
½ Päckchen Trockenhefe
1 TL Salz
2 EL Olivenöl

Belag
1 Kartoffel
1–2 rote Zwiebeln
2–3 Zweige Thymian
3–4 EL Crème fraîche
1 Eigelb
Pfeffer
Meersalz
40 g geriebener Käse

Zubereitung

1) Das Mehl in eine Rührschüssel geben und mit der Hefe und dem Salz vermischen.
2) 125 ml Wasser und das Öl dazugeben und mit dem Knethaken zu einem geschmeidigen Teig kneten. Ca. 1 Minute kräftig kneten. Der Teig soll nur ganz leicht kleben. Evtl. etwas Mehl dazugeben. Zugedeckt an einem warmen Ort 1 Stunde gehen lassen.
3) Den Ofen auf 250 °C Ober-/Unterhitze oder höher vorheizen.
4) Wenn der Teig sich verdoppelt hat, auf eine leicht bemehlte Fläche geben und halbieren. Die Teiglinge rund formen und auf ein mit Backpapier belegtes Backblech legen.
5) Die Kartoffel und die Zwiebeln schälen und sehr fein hobeln, den Thymian fein hacken. Die Crème fraîche mit dem Eigelb sowie etwas Pfeffer mischen.
6) Die Crème-fraîche-Mischung auf den Pizzaböden verteilen und mit den Kartoffelscheiben belegen. Salzen und mit geriebenem Käse bestreuen. Zum Schluss die Zwiebeln und den Thymian darauf verteilen und im Backofen 20–25 Minuten goldgelb backen.

Für 2 Personen | Zubereitungszeit: 15 Minutenn + 40 Minuten Garzeit

Erdäpfelknödel mit Pilzragout

Der Genuss eines Ragouts von vielleicht selbst gesammelten Pilzen zusammen mit diesen Knödeln ist ein herzhaftes, intensives und wohlschmeckendes Erlebnis.

Knödel

500 g mehligkochende Kartoffeln
70 g Speisestärke
1 Eigelb
Pfeffer aus der Mühle
9 g Salz
¼ TL geriebene Muskatnuss
1 Scheibe Brot
20 g weiche Butter

Pilzragout

200 g Kräuterseitlinge
100 g Champignons
15 g glatte Petersilie
1 weiße Zwiebel
1 Knoblauchzehe
2 EL Sonnenblumenöl
1 Prise Rohrohrzucker
schwarzer Pfeffer aus der Mühle
3 EL Dry Gin
200 ml Sojasahne
30 g geriebener Pecorino
1 Butterflocke
Zitronenabrieb

Zubereitung

1) Die Kartoffeln waschen und 25 Minuten garkochen. Mit kaltem Wasser abschrecken.
2) Die Kartoffeln im warmen Zustand pellen und durch die Kartoffelpresse drücken, mit Speisestärke, Eigelb, Pfeffer, Salz und Muskatnuss vermischen.
3) Die Brotscheibe in Würfel schneiden und mit etwas Butter in einer Pfanne knusprig anbraten. Beiseitestellen.
4) Für das Pilzragout die Hüte der Kräuterseitlinge in Scheiben schneiden, die Stiele in kleine Würfel. Die gesäuberten Champignons ebenfalls in Scheiben schneiden. Die Blätter und Stängel der Petersilie getrennt voneinander klein hacken.
5) Die Zwiebel und den Knoblauch schälen und fein schneiden/hacken. Beides in einem Topf mit dem Öl anbraten und mit den Petersiliestängeln, dem Zucker und etwas Pfeffer anrösten. Mit dem Gin ablöschen und für 1–2 Minuten kochen. Dann die Sahne angießen und die gewürfelten Stiele der Kräuterseitlinge dazugeben.
6) Nun den Pecorino in die Sauce geben. Aufkochen lassen und 100 ml heißes Wasser dazugeben. Auf kleiner Flamme weiterköcheln und die Petersilienblätter, die Butter und den Zitronenabrieb dazugeben. Zum Schluss die Pilze dazugeben, kurz aufkochen und 5 Minuten köcheln lassen. Evtl. mit Salz abschmecken.
7) In einem weiteren Topf gesalzenes Wasser zum Kochen bringen.
8) Aus der Kartoffelmasse mit feuchten Händen gleich große Knödel formen, etwas flach drücken und jeweils 1 Brotwürfel daraufgeben. Den Würfel mit Teig umschließen und runde Knödel formen. Ins leicht kochende Wasser geben und die Hitze reduzieren. Die Knödel 10–15 Minuten ohne Deckel gar ziehen lassen, dabei nicht kochen, sonst zerfallen die Knödel.
9) Die fertigen Knödel aus dem Wasser heben, abtropfen lassen und zusammen mit dem Pilzragout servieren.

Für 3 Personen | Zubereitungszeit: 10 Minuten + 20 Minuten Garzeit

Kartoffel-Schwarzkohl-Eintopf

Ein tolles, weil nahrhaftes Gericht. Wir lieben Eintöpfe aller Couleur. Diesmal mit leckerem Schwarzkohl, einer Form des Grünkohls, die häufig in den USA verzehrt wird. So good!

1 Zwiebel
2 Knoblauchzehen
500 g festkochende Kartoffeln
5 g frischer Ingwer
10 g Bohnenkraut
4 EL Distelöl
2 EL Tomatenmark
1 gute Msp. gemahlener Piment
1 ½ TL Kurkuma
schwarzer Pfeffer aus der Mühle
550 ml Gemüsebrühe (Rezept Seite 12)
250 g gekochte Dicke Bohnen (Dose)
¼ TL frisch geriebene Muskatnuss
1 Lorbeerblatt
400 g Schwarzkohl/Palmkohl
Meersalz
1 EL Butter
1 Prise Zucker

Zubereitung

1) Die Zwiebel und den Knoblauch schälen und fein hacken. Die Kartoffeln schälen und würfeln. Den Ingwer schälen und fein würfeln. Das Bohnenkraut fein schneiden.
2) Die Zwiebel und den Knoblauch in einem Topf mit Öl anbraten. Das Tomatenmark, den Piment, die Kurkuma, den Ingwer sowie etwas Pfeffer dazugeben und ebenfalls mit anbraten. Dann mit etwa zwei Dritteln der heißen Gemüsebrühe ablöschen und ca. die Hälfte der abgetropften Bohnen dazugeben. Etwas köcheln lassen und danach alles mittelfein pürieren.
3) Die Kartoffeln, den Muskatnussabrieb sowie das Lorbeerblatt dazugeben und für ca. 15 Minuten weiterköcheln lassen.
4) Den Kohl von den groben Blattadern und dem Strunk befreien, säubern und die Blätter quer in ca. 1 cm starke Steifen schneiden, ebenfalls dazugeben und mit der restlichen heißen Gemüsebrühe übergießen. Jetzt das fein geschnittene Bohnenkraut und die restlichen Bohnen dazugeben. Etwas köcheln lassen und danach mit dem Meersalz, der Butter und 1 Prise Rohrzucker abschmecken.
5) Vor dem Servieren das Lorbeerblatt herausnehmen und den Eintopf in schönen tiefen Tellern zum Verzehr reichen.

Tipps

Wir haben hier die rotschalige Kartoffelsorte 'Laura' verwendet. Ingwer lässt sich am besten mit einem Teelöffel schälen. Wer es schärfer mag, fügt Chilis, Cayennepfeffer und/oder Currypulver dazu. Statt Zucker könnt ihr auch ½–1 TL Apfelkraut verwenden.

Für 2 Personen | Zubereitungszeit: 15 Minuten + 15 Minuten Garzeit

vegan

Knusprige Kartoffelpuffer mit Apfelmus

Nicht nur Kinder lieben den Klassiker mit Apfelmus, sondern auch wir Erwachsenen sind begeistert von diesen tollen Puffern. Gerade in den Wintermonaten immer wieder eine schöne Mahlzeit.

800 g vorwiegend festkochende Kartoffeln
1 große Zwiebel
Salz
schwarzer Pfeffer aus der Mühle
1 Msp. frisch geriebene Muskatnuss
Öl zum Anbraten
Apfelmus zum Servieren

Zubereitung

1) Die Kartoffeln schälen, grob reiben und gut mit den Händen ausdrücken.
2) Die Zwiebel schälen und in feine Würfel schneiden. Die Kartoffeln, die Zwiebeln, etwas Salz und Pfeffer sowie die Muskatnuss vermischen.
3) Öl in einer Pfanne erhitzen und mit einem Esslöffel die Kartoffelmasse portionsweise in die Pfanne setzen und etwas formen. Flach drücken und erst wenden, wenn die Unterseite braun geröstet ist. Dadurch zerfallen die Puffer nicht. Herausnehmen und auf Küchenpapier legen.
4) Heiß mit Apfelmus servieren.

Für 3 Personen | Zubereitungszeit: 15 Minuten + 35 Minuten Garzeit

Linsensuppe mit Wurzelgemüse

Linsen sind ein 1A-Superfood. Sie enthalten viele Mineralstoffe und Spurenelemente bei einer guten Menge an Proteinen und wenig Kohlenhydraten.

3 EL natives Olivenöl extra
1 gelbe Zwiebel
440 g Kartoffeln
100 g Sellerie
150 g Karotten
2 Knoblauchzehen
Pfeffer
1 TL Kurkuma
100 g grüne Berglinsen
100 rote Linsen
2 Lorbeerblätter
1 l Gemüsebrühe (Rezept Seite 12)
80 g Grünkohl oder Spinat
etwas Olivenöl
Meersalz
Zitronensaft
gehackte Petersilie zum Garnieren
geriebener Parmesan (optional)

Zubereitung

1) In einem großen Topf bei mittlerer Hitze das Olivenöl erwärmen. Die Zwiebel, die Kartoffeln und den Sellerie schälen. Die Zwiebel, die Karotten, die Kartoffeln und den Sellerie in Würfel schneiden. Den Knoblauch schälen und hacken. Das gesamte Gemüse einschließlich Knoblauch mit Pfeffer und Kurkuma in den Topf geben und ca. 5 Minuten anbraten, dann beide Linsensorten und die Lorbeerblätter hinzugeben.
2) Mit der Gemüsebrühe ablöschen und umrühren. Die Hitze reduzieren und abgedeckt 30–40 Minuten köcheln lassen, bis die Linsen weich sind und die Suppe cremig ist.
3) Den Grünkohl grob hacken und unterrühren. Mit Olivenöl, Salz, Zitronensaft und Petersilie abschmecken. Wer mag, gibt geriebenen Parmesan über die Suppe.

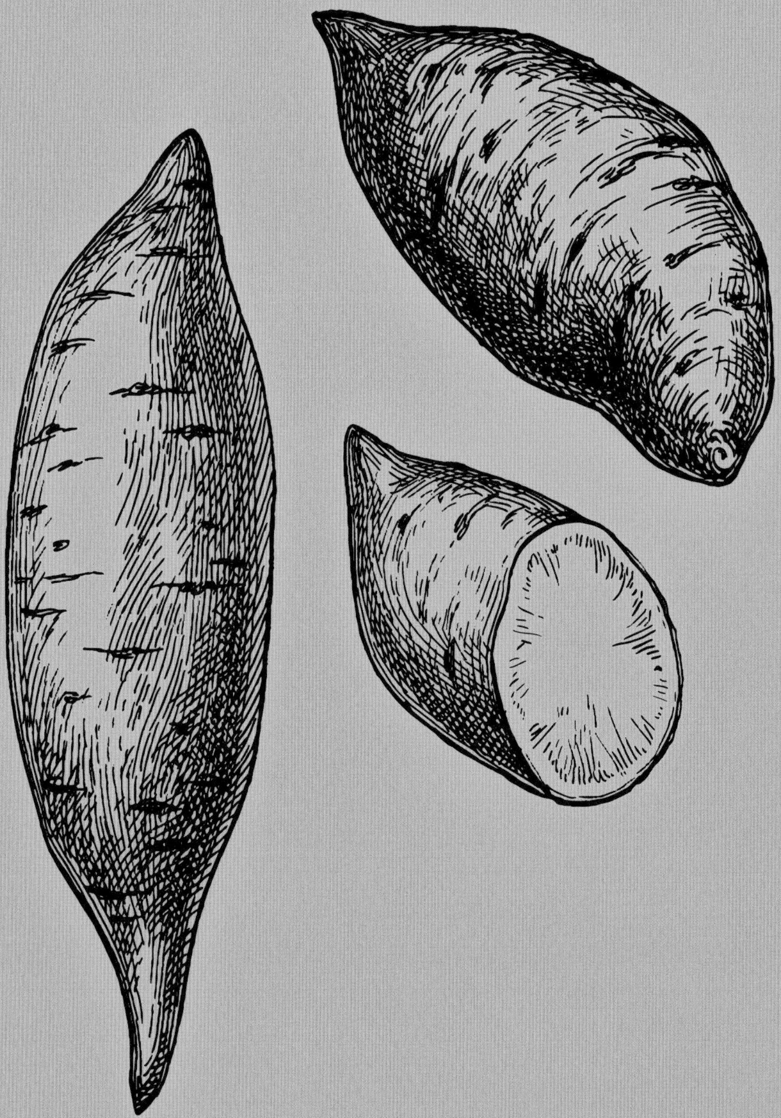

Süßkartoffel

Die Süßkartoffel aus der Familie der Windengewächse ist nur sehr entfernt mit der klassischen Kartoffel verwandt.
Ursprünglich aus Mittelamerika kommend, hat es diese Knolle über Afrika und Asien auch auf deutsche Mittagstische geschafft und mittlerweile auch in unseren Gefilden einen ansehnlichen Bekanntheitsgrad errungen. Es gibt die Knolle in verschiedenen Größen und Farben, zum Beispiel mit orangefarbenem und weißlichem Fruchtfleisch. Mittlerweile wird sie auch bei uns in Deutschland angebaut, allerdings nicht in solch großen Mengen wie in Asien oder Afrika. Die Süßkartoffeln bevorzugen einen lockeren und sandigen sowie nährstoff- und humusreichen Boden. Der Standort sollte sonnig sein, da sie kälteempfindlich sind. Auch im Hochbeet lassen sie sich gut ziehen. Die Erntezeit ist zwischen September und Oktober, doch die Süßkartoffel ist inzwischen ganzjährig erhältlich. Am besten lagert man sie an einem trockenen und kühleren Raum.
Die Süßkartoffel ist, wie der Name unschwer erahnen lässt, geschmacklich durchaus süß. Daher kann man sie auch gut für Nachspeisen und zum Kuchenbacken verwenden.
Die Knolle ist reich an Vitaminen, vor allem an Vitamin A. Sie enthält auch Kalium, Kalzium, Vitamin C und Vitamin B6.
Man kann aus ihr hervorragende Beilagen wie Kartoffelpürees oder Pommes frites herstellen. In Würfeln gegart und angebraten mit einem Dip genossen ist sie ein ideales und leichtes Sommergericht. Ein Mus oder Stampf ist die ideale Beilage an Festen wie Weihnachten und gehört traditionell in den USA zum Thanksgiving-Menü. Doch auch für Nachspeisen lässt sich die Süßkartoffel wegen ihres süßen Geschmacks gut verwenden. Genau darum hat die Süßkartoffel mit ihren tollen Eigenschaften und ihrer leichten Zubereitung auf unserem regelmäßigen Speiseplan einen Platz auf dem Podest ergattert.

Für 2 Personen oder für 4 als Beilage | Zubereitungszeit: 10 Minuten + 55 Minuten Backzeit

Süßkartoffelauflauf

Lecker und reich an Aromen ist dieser Auflauf. Einfach ein wenig schnippeln und ein bisschen Zeit vor dem Ofen verbringen und fertig ist die vollmundige Mahlzeit. Ein köstliches und sättigendes Wohlfühlessen, wenn es draußen ungemütlich ist!

60 ml Olivenöl
1 EL Ahornsirup
½ TL Kreuzkümmelpulver
1 EL Zitronensaft
1 Prise Muskatnuss
einige Chiliflocken
1 TL fein gehackter Rosmarin
Salz
1 kg Süßkartoffeln
Pfeffer
40 g geriebener Käse
50 g Fetakäse
Petersilie zum Servieren

Zubereitung

1) Den Backofen auf 200 °C Ober-/Unterhitze vorheizen.
2) Olivenöl, Ahornsirup, Kreuzkümmel, Zitronensaft, Muskat, Chiliflocken, Rosmarin und Salz zu einer Marinade mischen.
3) Die Süßkartoffeln schälen, fein hobeln und mit der Marinade vermischen, dabei etwas Marinade für die Form zurückbehalten. Hochkant in eine Auflaufform geben und mit dem restlichen marinierten Öl bestreichen. Mit Pfeffer würzen. Nun für 45 Minuten knusprig backen. Mit geriebenem Käse und Feta bestreuen und nochmals 10 Minuten backen.
4) Mit gehackter Petersilie bestreuen und dazu einen leckeren Salat servieren.

Für 3 Personen | Zubereitungszeit: 15 Minuten + 35 Minuten Garzeit

vegan

Süßkartoffel-Kohl-Chili

Wenige gute Zutaten mit ein paar Handgriffen zu einem feinen, schmackhaften und veganen Gericht gezaubert – das kann mit diesem Rezept einfach und gut umgesetzt werden. Das Ergebnis belohnt uns dafür auf ganz bezaubernde Weise. Mal eine ganz andere Variante des beliebten Chilis – aber in keinem Fall weniger lecker als das Original.

Chili
1 Zwiebel
3 Knoblauchzehen
400 g Weißkohl
330 g Süßkartoffel
3 EL Olivenöl
700 ml Gemüsebrühe (Rezept Seite 12)
½ TL Kreuzkümmel
1 Prise Cayennepfeffer
1 Prise Zimt
200 g Kidneybohnen
Salz
Limetten- oder Zitronensaft zum Abschmecken

Zum Servieren
Avocado
Koriander
Tortilla-Chips

Zubereitung

1) Die Zwiebel und den Knoblauch schälen und fein hacken. Den Weißkohl klein schneiden, die Süßkartoffel schälen und würfeln. In einem Topf das Öl bei mittlerer Hitze erwärmen. Die Zwiebelwürfel und den Knoblauch hinzugeben und anbraten, bis sie gerade anfangen zu bräunen. Dann den Kohl und die Süßkartoffelwürfel hinzugeben und ebenfalls kurz anbraten.
2) Gemüsebrühe, Kreuzkümmel, Cayennepfeffer und Zimt hinzufügen. Bei geschlossenem Deckel 20 Minuten köcheln lassen. Die Bohnen abwaschen, abtropfen lassen und in den Topf geben; alles für 10 Minuten köcheln lassen.
3) Mit einem Stabmixer zwei- bis dreimal durch die Suppe gehen, um sie etwas sämig zu machen. Mit Salz, Limetten- oder Zitronensaft abschmecken und mit Avocado, gehacktem Koriander und Tortilla-Chips servieren.

Für 2 Personen | Zubereitungszeit: 35 Minuten + 45 Minuten Backzeit

Überbackene Muschelnudeln mit Süßkartoffelsauce

Große Nudeln mit einer ausgezeichneten Gemüsefüllung in einer leichten und aromatischen Süßkartoffelsauce. Eine köstliche Überraschung, die Sauce auch einmal aus den leckeren Süßkartoffeln zuzubereiten.

Pasta
125 g Conchiglie Grande
2 EL Pinienkerne

Sauce
290 g Süßkartoffeln
270 g Pastinaken
1 weiße Zwiebel
2 Knoblauchzehen
2 EL Rapsöl
Salz
schwarzer Pfeffer
geriebene Muskatnuss
1 gute Msp. gemahlener Piment
1 Msp. gemahlene Fenchelsamen
½ TL Kurkuma
300 ml Milch
Orangenabrieb
Zitronenabrieb
etwas Trüffelspäne (optional)
40 g geriebener Hartkäse

Füllung
1 kleine Zwiebel
1 kleine Handvoll frische Blattpetersilie
280 g rote Paprika
1 EL Olivenöl
Salz
Pfeffer
50 g Feta

Zubereitung

1) Zuerst die Conchiglie in Salzwasser al dente garen und einzeln beiseitelegen, damit diese nicht zusammenkleben.
2) Für die Sauce die Süßkartoffeln, die Pastinaken, die Zwiebel und den Knoblauch schälen. Die Zwiebel fein hacken und in einem Topf mit Öl anbraten. Dann die gehackten Pastinaken und die Süßkartoffeln in Stücken dazugeben, salzen und pfeffern. Muskatnuss, gemahlenen Piment, gemahlene Fenchelsamen und Kurkuma hinzufügen und mit 50 ml Wasser und der Milch ablöschen. Den Orangen- und Zitronenabrieb dazugeben und alles weich garen. Etwas Trüffel hineingeben und fein pürieren. Nun den geriebenen Käse in der heißen Sauce auflösen. Den Knoblauch fein zerdrücken und unterrühren, anschließend den Topf vom Herd nehmen.
3) Für die Füllung die Zwiebel schälen und fein hacken. Die Petersilie fein hacken. Die Paprika waschen, putzen und zusammen mit der Zwiebel in Olivenöl andünsten. Salzen und pfeffern und die Petersilie dazugeben. Dann vom Herd nehmen und etwas abkühlen lassen. Den Feta in ca. 0,5 cm große Stücke würfeln und untermengen.
4) Nun die abgekühlten und vollständig abgetropften Muschelnudeln mit der Füllung bestücken und in eine mit der Sauce aufgefüllte gusseiserne Pfanne dicht an dicht setzen. Alles für ca. 45 Minuten bei 180 °C Ober-/Unterhitze in den Ofen geben. Die Pinienkerne in einer Pfanne ohne Fett rösten und vor dem Servieren auf den Muschelnudeln verteilen.

Für 2 Personen | Zubereitungszeit: 10 Minuten + 15 Minuten Garzeit

One-Pot-Süßkartoffel-Penne

Dieses Gericht ist flott selbstgemacht, voller guter Zutaten und schmeckt prima. Wenn ihr alle Zutaten in einen Topf gebt, habt ihr im Handumdrehen ein vorzügliches Mahl vor euch stehen.

1 Zwiebel
2 Knoblauchzehen
220 g Süßkartoffeln
1 Zweig Thymian (alternativ Rosmarin)
50 g Baby-Spinat
3 EL Olivenöl
200 g Penne
550–600 ml Gemüsebrühe (Rezept Seite 12)
2–3 EL Crème fraîche
45 g geriebener Parmesan
1 Prise Muskatnuss
Pfeffer
Salz
5 Champignons (optional)

Zubereitung

1) Die Zwiebel und den Knoblauch schälen und fein hacken. Die Süßkartoffel schälen und grob raspeln. Die Thymianblätter (oder Rosmarinnadeln) vom Zweig lösen. Den Spinat waschen.
2) Das Öl in einem Topf erhitzen. Die Zwiebel, den Knoblauch und die Thymianblätter kurz anbraten, dann die Süßkartoffel hinzugeben und 5 Minuten unter Rühren anbraten.
3) Die Penne und die Gemüsebrühe hinzufügen, umrühren und bei geschlossenem Deckel 10 Minuten köcheln lassen. Gelegentlich umrühren.
4) Wenn die Pasta al dente ist, die Crème fraîche, den Parmesan, den Spinat, den Muskatnussabrieb sowie Salz und Pfeffer unterrühren.
5) Wer mag, schneidet die Pilze in feine Würfel und brät sie in einer Pfanne in etwas Öl knusprig an. Die Pasta auf Teller verteilen und ggf. mit den Pilzen servieren.

Für 4 Personen | Zubereitungszeit: 15 Minuten + 20 Minuten Garzeit

vegan

Süßkartoffelsuppe mit Röstzwiebeln und Mairübchen

Es ist wieder Erntezeit und lauter köstliche und frische Lebensmittel warten beim Händler des Vertrauens auf euch. Diese leckere und farbenfrohe Cremesuppe wärmt und sättigt uns in der kühleren Jahreszeit.

500 g Süßkartoffeln
600 g Mairüben
1 große Gemüsezwiebel
3 Knoblauchzehen
1 kleiner Chili
4 EL Olivenöl
1 EL Tomatenmark
½ TL Kurkuma
Muskatnussabrieb
schwarzer Pfeffer aus der Mühle
1–2 TL gemahlene Koriandersamen
500 ml pflanzliche Milch (z.B. aus Erbsenprotein)
1 Lorbeerblatt
Meersalz
Saft von 1–2 Limetten

Zubereitung

1) Die Süßkartoffeln, die Mairüben und die Gemüsezwiebel schälen. Die Süßkartoffel in kleine Stücke, die Mairüben in ca. 1 cm große Stücke und die Zwiebel in Ringe schneiden. Den Knoblauch schälen und klein hacken. Den Chili waschen, putzen und fein hacken.
2) In einem Topf das Öl erhitzen und den Knoblauch und das Tomatenmark kurz anbraten. Dann Kurkuma, etwas Muskatnussabrieb und Pfeffer sowie die gemahlenen Koriandersamen dazugeben. Das Ganze mit 300 ml Wasser und der Erbsenmilch aufgießen. Kurz aufkochen und dann die Süßkartoffeln dazugeben. Nun das Lorbeerblatt und die Chilischote dazugeben. Alles für ca. 10 Minuten kochen, bis die Süßkartoffel weich ist. Dann vom Herd nehmen, salzen, das Lorbeerblatt entfernen und die Suppe pürieren. Mit dem Saft von 1–2 Limetten abschmecken.
3) Danach auf die ausgeschaltete Herdplatte stellen und das Lorbeerblatt nochmals für ca. 10 Minuten hinzufügen.
4) Während dessen die Mairüben und die Gemüsezwiebel angebraten. Die Suppe vor dem Servieren kurz erwärmen und die Mairüben und die Zwiebel als Topping beziehungsweise als Einlage hinzufügen.

Tipps

Wer es nicht so scharf möchte, lässt die Chilischote weg. Wer mag, verziert das Ganze mit frischem Koriander/Petersilie. Alternativ könnt ihr angebratenen Fenchel als Einlage verwenden. Wenn ihr weniger Säure möchtet, nehmt statt Limettensaft den Saft einer halben Orange.

Für 20 Cookies | Zubereitungszeit: 5 Minuten + 15 Minuten Backzeit

Süßkartoffel-Schokoladen-Cookies

Kekse aus Süßkartoffeln? Der süße Geschmack der Süßkartoffel passt toll zu Süßspeisen. Hier haben wir sie mit Haferflocken und Schokolade kombiniert. Die Kekse halten sich luftdicht verpackt eine Woche.

210 g Haferflocken oder Dinkelflocken
1 TL Zimt
200 g Süßkartoffelpüree (siehe Tipp)
40 g Schokoladendrops
3 EL Ahornsirup
100 g Zartbitterschokolade 75 %
grobes Meersalz

Zubereitung

1) Den Ofen auf 200 °C Ober-/Unterhitze vorheizen.
2) Die Haferflocken, den Zimt, das Süßkartoffelpüree, die Schokoladendrops und den Ahornsirup in eine Schüssel geben und vermischen. Mit den Händen gleich große Kugeln formen und plattdrücken. Die Cookies behalten beim Backen ihre Form, also am besten so formen, wie man sie gerne später hätte.
3) Auf ein Backblech geben und 10–15 Minuten backen. Die Cookies komplett abkühlen lassen.
4) Die Schokolade schmelzen und die abgekühlten Cookies in die Schokolade tauchen. Mit etwas Meersalz bestreuen und genießen.

Tipp:

Statt Süßkartoffelpüree könnt ihr auch Kürbispüree verwenden. Süßkartoffelpüree stellt ihr her, indem ihr eine große Süßkartoffel schält, ganz weich kocht und anschließend zu Püree verarbeitet.

Für 8 Personen | Zubereitungszeit: 30 Minuten + 50 Minuten Backzeit

Süßkartoffel-Pie

Eine kleine und feine Abwandlung des in den USA an Thanksgiving servierten Klassikers mit Kürbis. Der Kuchen aus Mürbeteig, mit vorweihnachtlichen Gewürzen verfeinert, ist eine willkommene Begleitung – zum Kaffee ebenso wie zu einem fruchtigen Salat.

Mürbeteig
200 g Mehl
100 g kalte Butter
1 Ei
1 EL eiskaltes Wasser
1 Prise Salz

Füllung
1 große Süßkartoffel
3 Eier
100 ml Sahne
3 EL brauner Zucker
1 TL Zimt
1 TL Vanilleextrakt
½ TL Ingwerpulver
1 Prise Muskat
½ TL frisch gemahlener Kardamom
2 frisch gemahlene Nelken
1 Prise Salz

Außerdem
200 ml Schlagsahne
1 EL Ahornsirup
1 TL Vanilleextrakt
Zimt und Zucker (optional)

Zubereitung

1) Für den Teig alle Zutaten in einen Food Processor geben und zu einem Teig mixen. Alternativ die Zutaten mit den Händen zu einem Teig kneten. Den Teig auf einer leicht bemehlten Arbeitsfläche ausrollen und in die Tarteform legen. Hierbei überstehende Ränder abschneiden. Anschließend so lange in den Kühlschrank stellen, bis die Füllung fertig ist.
2) Die Süßkartoffel in einem Topf mit Wasser geben und weich kochen. Etwas abkühlen lassen und dann schälen. Die Süßkartoffel mit den restlichen Zutaten für die Füllung in einen Mixer geben und zu einer homogenen Masse mixen. Die Füllung auf den Mürbeteig geben und glattstreichen.
3) Den Backofen auf 200 °C Ober-/Unterhitze vorheizen.
4) Den Pie auf der mittleren Schiene 50 Minuten backen. Auf einem Gitter abkühlen lassen und am besten über Nacht durchziehen lassen.
5) Am nächsten Tag die Sahne steif schlagen und den Ahornsirup und die Vanille untermischen. Auf den Pie geben und servieren. Wer mag, bestreut alles noch mit Zimt und Zucker.

Karotte

Die Karotte, auch Mohrrübe, Möhre oder Gelbe Rübe genannt, ist allseits beliebt – und das nicht nur bei Hasen. Die bei uns am weitesten verbreitete orangefarbene Variante haben wir den Holländern zu verdanken, doch es gibt auch eine ganze Menge weitere farblich ebenso attraktive Karotten: Da wären zum Beispiel die gelben, violetten, schwarzen, weißen und rosaroten zu erwähnen. Diese teils „alten Sorten" sind oft sehr intensiv im Geschmack und eignen sich hervorragend für Salate oder einfach zum Direktverzehr in der Pause oder beim Picknick.

Je nach Sorte mögen Karotten sandigen bis mittelfesten Boden. Ab Anfang April kann man mit der Direktaussaat beginnen. Karotten sind je nach Aussaat ab Mai erntereif, können aber auch bis spät in den Herbst hinein geernet werden und sind gut lagerfähig. Von allen Gemüsesorten enthalten sie am meisten Carotine, also sekundäre Pflanzenstoffe, die nach der Karotte benannt sind. Das wichtigste Carotin ist das Beta-Carotin, eine Vorstufe von Vitamin A, welches besonders gut für die Augen ist.

Aus dieser gesunden Wurzel lässt sich auch allerhand Gutes an Speisen herstellen: Da wäre natürlich die Verwendung in der Suppe oder als Gemüsefondeinlage zu nennen, ebenso wie die Verarbeitung zu Salaten, Gemüsebratlingen, Kuchen, Smoothies, Shakes, Ofengemüse, als Färbemittel und sogar zu Marmelade.

Auch das Karottengrün, also die Blätter, lässt sich hervorragend weiterverarbeiten. So kann man hieraus auch den feinen und bekannten Karottengeschmack erhalten, obwohl auf den ersten Blick zumindest farblich nichts darauf schließen lässt.

Das Karottengrün sollte man zum Lagern entfernen, so halten sich die Karotten länger frisch. Das sollte man übrigens mit jedem Grün machen. Ist das Grün zum Verzehr geeignet, einfach in ein Glas mit Wasser stellen und kühl lagern.

Die Frage, ob man die Karotten schälen sollte, bleibt jedem selbst überlassen. In jedem Fall sollte man das Wurzelgemüse vor dem Verzehr gründlich reinigen. Eine gute natürliche Wurzelbürste erfüllt dabei ausgezeichnet ihren Zweck.

Für 2 Personen | Zubereitungszeit: 15 Minuten + 35 Minuten Garzeit

vegan

Geröstete Karotten-Paprikasuppe

Eine sehr tolle und leicht zuzubereitende Suppe ist diese auf Paprikaschoten und Karotten basierende Kreation. Sie besticht trotz ihrer Einfachheit durch ihre Farbe und die angenehmen Röstaromen.

500 g Karotten
1 Zwiebel
2 Knoblauchzehen
2 rote Paprika
Abrieb einer Zitrone
2–3 EL Albaöl oder Olivenöl
Meersalz
schwarzer Pfeffer aus der Mühle
600–700 ml Gemüsebrühe (Rezept Seite 12)
geschlagene Sojasahne, geröstete Kürbiskerne und Dill zum Servieren (optional)

Zubereitung

1) Den Backofen auf 200 °C Ober-/Unterhitze vorheizen.
2) Die Karotten, die Zwiebel und den Knoblauch schälen und grob würfeln. Die Paprika putzen und ebenfalls würfeln. Zusammen mit dem Zitronenabrieb, dem Öl sowie etwas Salz und Pfeffer auf einem Backblech verteilen und 30–35 Minuten goldbraun braten, evtl. nach der Hälfte der Zeit einmal wenden.
3) Wenn die Karotten weich sind, aus dem Ofen nehmen und in einen Standmixer geben. Etwas Brühe auf das Backblech geben, um die Röstaromen ebenfalls aufzufangen.
4) Dann die Brühe mit in den Mixer geben und alles fein pürieren. Alternativ könnt ihr alles in einen Topf geben und mit einem Pürierstab cremig mixen. Im Topf bei mittlerer Hitze erwärmen.
5) Sollte die Suppe zu dick sein, einfach noch etwas mehr Gemüsebrühe hinzugeben, um die gewünschte Konsistenz zu erreichen.
6) Mit einem Klecks aufgeschlagener Sojasahne, gerösteten Kürbiskernen und Dill servieren.

Karotten-Kartoffel-Rösti

Rösti oder Kartoffelpuffer – wer liebt sie nicht? Hier eine leckere Variante mit Möhren. Sie schmecken lecker mit Apfelmus, als Beilage oder auch als Zwischenschicht auf vegetarischen Burgern.

180 g Karotten
550 g vorwiegend festkochende Kartoffeln
1 weiße Zwiebel
1 Frühlingszwiebel
1 EL Speisestärke
2 Eier
Muskatnuss
Salz
schwarzer Pfeffer aus der Mühle
Öl zum Braten
Kresse und Salat zum Servieren (optional)

Zubereitung

1) Die Karotten, die Kartoffeln und die Zwiebel schälen und grob raspeln. Anschließend in eine große Schüssel geben. Die Frühlingszwiebel säubern und in Ringe schneiden; einige Ringe für die Dekoration aufbewahren. Die restliche Frühlingszwiebel mit der Speisestärke, den Eiern, dem Muskatnussabrieb sowie Salz und Pfeffer in die Schüssel geben und vermischen.
2) Das Öl in einer kleinen Pfanne erhitzen und ein Drittel der Masse hineingeben. Die Hitze reduzieren und ca. 5 Minuten anbraten, damit die Rösti nicht auseinanderfällt. Mit Hilfe eines Tellers oder eines großen Pfannenwenders die Rösti wenden und nun die andere Seite 5 Minuten mit etwas Öl anbraten.
3) Mit der restlichen Masse genauso verfahren. Die fertigen Rösti im Backofen warmhalten.
4) Mit Kresse, einigen Frühlingszwiebelringen und Salat servieren.

Karottentarte mit Ziegenfrischkäse

Eine Tarte ist etwas sehr Feines. Dieses Rezept besticht durch seine Einfachheit und seinen vorzüglichen Geschmack. Mit sehr guten Zutaten schnell zubereitet, macht so ein „Kuchen“ satt und glücklich.

1 Rolle Blätterteig (275 g)
100 g Ziegenfrischkäse
220 g Karotten (orange, lila)
1 rote Zwiebel
5 Stiele frischer Thymian
Meersalz
schwarzer Pfeffer aus der Mühle
Olivenöl

Zubereitung

1) Den Backofen auf 200 °C Ober-/Unterhitze vorheizen.
2) Den Blätterteig aus der Packung nehmen, auf ein mit Backpapier belegtes Backblech legen und mit Ziegenfrischkäse bestreichen. Hierbei einen 2 cm breiten Rand lassen.
3) Die Karotten schälen und der Länge nach halbieren, die Zwiebel ebenfalls schälen und in dünne Ringe hobeln oder schneiden. Die Thymianblättchen abzupfen.
4) Die Karotten auf der Frischkäseschicht verteilen und mit Zwiebeln und Thymianblättern belegen.
5) Mit Salz und Pfeffer bestreuen und mit etwas Olivenöl besprenkeln.
6) Im Backofen für 25–30 Minuten bei Ober-/Unterhitze backen.
7) Die Tarte schmeckt heiß und kalt. Dazu passt ein bunter Salat.

Zubereitung

Dicke Karotten am besten vierteln.

Ofenkarotten mit Hummus

Sehr lecker und mit einem Hauch von Orient verführen diese Karotten unsere Sinne. Das feine Wurzelgemüse wird in Kombination mit dem leckeren Kichererbsenmus zu einer besonders gut bekömmlichen Vorspeise oder einem Snack.

Hummus
100 g getrocknete Kichererbsen
1 TL Backnatron
2 Knoblauchzehen
110 g Tahini
2 EL Zitronensaft
1 TL Meersalz
Abrieb einer ½ ungespritzten Zitrone
½ TL Kreuzkümmel

Ofenkarotten
500 g Karotten, am besten bunte und kleinere Exemplare
2 EL Olivenöl
Salz
Pfeffer
1 EL Honig
Zitronenabrieb einer ½ Zitrone
1–2 EL Zitronensaft

Zum Servieren
einige Radieschen

Zubereitung

1) Die Kichererbsen waschen und 24 Stunden in Wasser einweichen.
2) Am nächsten Tag die Kichererbsen abgießen. In einen Topf geben, mit Wasser bedecken und mit dem Natron 40 Minuten kochen. Die Kichererbsen sollten weich sein, so dass sie sich leicht zerdrücken lassen.
3) Den Knoblauch schälen. Die Kichererbsen abgießen, in einen Food Prozessor geben und mixen. Bei laufendem Motor Tahini, Zitronensaft, Knoblauch und Salz dazugeben. Dann 60 ml kaltes Wasser in einem feinen Strahl dazugeben. Mit Zitronenabrieb und Kreuzkümmel abschmecken.
4) Den Backofen auf 200 °C Ober-/Unterhitze vorheizen.
5) Die Karotten gut waschen und ggf. schälen. Auf einem mit Backpapier ausgelegten Backblech verteilen und mit Olivenöl, Salz, Pfeffer, Honig, Zitronenabrieb und -saft beträufeln und 30 Minuten knusprig backen.
6) Die Ofenkarotten mit Hummus und knackigen Radieschen servieren.

Für 2 Personen | Zubereitungszeit: 5 Minuten + 15 Minuten Garzeit

vegan

Roter Karottensalat mit Quinoa

Ein vorzüglicher Salat und dazu noch so reich an Mineralstoffen und Vitaminen. Statt gelber Rüben haben wir hier die roten Rüben/Karotten verwendet, die sehr aromatisch schmecken und in letzter Zeit wieder in Mode kommen.

Salat

560 g rote Karotten
50 g bunte Quinoa
40 g Rosinen
1 Bund Petersilie
1 Frühlingszwiebel

Dressing

1 EL Apfelessig
½ TL Zitronenabrieb
1 TL Ahornsirup
Meersalz
Pfeffer
3 EL Olivenöl
¼ TL frisch geriebene Muskatnuss
einige Chiliflocken
¼ TL schwarzer Sesam

Zubereitung

1) Die Karotten schälen und in feine Stifte hobeln.
2) Die Quinoa waschen und mit 100 ml Wasser zum Kochen bringen. 15 Minuten köcheln lassen, bis das Wasser verdampft ist. Abdecken und 5 Minuten ziehen lassen.
3) Die Rosinen abwaschen, die Petersilie fein hacken, die Frühlingszwiebel in feine Ringe schneiden. Karotten, Quinoa, Rosinen, Petersilie und Frühlingszwiebel in eine Schüssel geben.
4) Die Dressing-Zutaten mit 1 EL Wasser gut vermischen und über die Karotten geben. Vermischen und mit Salz abschmecken.

Für 2 Personen | Zubereitungszeit: 25 Minuten + 40 Minuten Backzeit

Warmer Karotten-Blumenkohlsalat

Dieser Salat aus Ofengemüse, Hülsenfrüchten und einem leckeren Dressing ist quasi eine geschmackliche Fusion, die dem Gaumen einen riesigen Spaß bereitet. Statt des Schwarzkohls könnt ihr auch Grünkohl verwenden.

Salat
2 dicke Karotten
1 Blumenkohl (ca. 600 g)
Olivenöl zum Einreiben
Salz
4–5 Blätter Schwarzkohl (Palmkohl)
100 g Belugalinsen
Petersilie und Mandelblättchen zum Servieren
gehobelter Montello oder Pecorino (optional)

Dressing
1 EL Apfelessig
3 EL Olivenöl
Salz
Pfeffer
1 TL Ahornsirup
1 rote Zwiebel

Zubereitung

1) Den Backofen auf 200 °C Ober/-Unterhitze vorheizen.
2) Die Karotten schälen, der Länge nach halbieren und schräg in Scheiben schneiden. Den Blumenkohl in Röschen teilen. Die Karotten und den Blumenkohl mit Olivenöl und Salz einreiben und 30–40 Minuten goldbraun rösten.
3) Den Schwarzkohl waschen, trocken schütteln und in Streifen schneiden. Nach 25 Minuten zu den Karotten und zum Blumenkohl geben und zu Ende rösten. Der Schwarzkohl sollte am Ende knusprig sein.
4) Währenddessen die Linsen waschen und 20 Minuten gar kochen. Die Linsen sollten noch leicht Biss haben und nicht zerfallen.
5) Die Petersilie hacken und die Mandelblättchen in einer Pfanne ohne Fett anrösten.
6) Für das Dressing Apfelessig, Öl, Salz, Pfeffer und Ahornsirup mischen. Die Zwiebel schälen, in feine Scheiben schneiden und zum Dressing geben.
7) Das Gemüse aus dem Ofen nehmen, mit den Linsen und dem Dressing vermengen. Mit Petersilie und Mandeln bestreuen. Wer mag, gibt gehobelten Montello oder Pecorino darüber.

Karottenkuchen-Schnecken

Hier vereinen sich zwei unserer Lieblingskuchen: Zimtschnecken und Karottenkuchen – die beste Lösung, falls man sich einmal nicht entscheiden kann. Und am Ende werden sie noch dick mit einem cremigen Frischkäsefrosting bestrichen. Die müssen unbedingt probiert werden. Passen exzellent zu einer schönen Kaffeetafel, als Mitbringsel zu Familienfeiern oder einfach für zwischendurch.

Hefeteig
1 Karotte (ca. 65 g)
400 g Mehl
1 Pck. Trockenhefe
2 EL Zucker
1 Prise Salz
1 TL Zimt
180 ml lauwarme Hafermilch
40 g weiche Butter
1 Ei

Füllung
55 g flüssige Butter
40 g Zucker
1 TL Zimt
1 Msp. geriebene Muskatnuss
50 g Rosinen

Frosting
100 g weiche Butter
100 g Frischkäse
260 g Puderzucker
1–2 EL Milch oder Schlagsahne

Zubereitung

1) Für den Teig die Karotte fein raspeln. Das Mehl, die Hefe, den Zucker, das Salz und den Zimt in einer Schüssel vermengen. Die Milch, die Butter, das Ei und die Karottenraspel hinzugeben und mit dem Knethaken der Küchenmaschine zu einem geschmeidigen Teig kneten. Sobald sich der Teig vom Schüsselrand löst, abgedeckt an einem warmen Ort 40–50 Minuten ruhen lassen. Anschließend auf einer leicht bemehlten Arbeitsfläche zu einem Rechteck ausrollen.
2) Für die Füllung den Teig mit geschmolzener Butter bestreichen. Zimt, Zucker und Muskat mischen und ebenfalls auf dem Teig verteilen. Zum Schluss die Rosinen daraufgeben.
3) Den Teig von der kürzeren Seite aufrollen und mit einem scharfen Messer etwa sechs gleich große Stücke abschneiden. Mit etwas Abstand in eine eckige oder runde gefettete Form setzen und 60 Minuten abgedeckt ruhen lassen.
4) Den Backofen auf 190 °C vorheizen und die Schnecken 25–35 Minuten golden backen.
5) In der Zwischenzeit das Frosting zubereiten. Die Butter und den Frischkäse mit dem Handrührer 2–3 Minuten cremig rühren. Den Puderzucker in zwei Portionen untermixen. Zum Schluss die Milch oder Schlagsahne unterrühren. Die lauwarmen Schnecken mit dem Frosting bestreichen.

Für eine Kastenform mit 20 cm | Zubereitungszeit: 10 Minuten + 50 Minuten Backzeit

vegan

Karottenkuchen

Karottenkuchen gibt es bei uns eigentlich das ganze Jahr über. Sein würziger Geschmack nach diversen Gewürzen und seine saftige Konsistenz mögen wir sehr.

Teig

100 g Mehl
170 g gemahlene Mandeln
2 TL Zimt
¼ TL Muskat
1 TL Ingwer
1 Prise Anis
½ TL Zitronenabrieb
1 TL Vanilleextrakt
1 TL Backpulver
1 TL Backnatron
60 g brauner Zucker
30 g Zucker
100 ml pflanzliches Öl
100 ml Hafermilch
1 EL Essig
260 g Karotten

Frosting

110 g Frischkäse aus Cashewnüssen (alternativ normaler Frischkäse)
100 g Puderzucker
½ TL Vanille
etwas Zitronenabrieb

Zubereitung

1) Den Backofen auf 180 °C Ober-/Unterhitze vorheizen. Die Kastenform mit Backpapier auslegen.
2) Mehl, Mandeln, Gewürze, Backpulver, Backnatron und beide Zuckersorten in einer großen Schüssel vermischen. Öl, Milch und Essig mischen. Die Karotten schälen und fein raspeln. Dann die Karotten mit der Ölmischung in die Schüssel geben und alles zügig zu einem glatten Teig verrühren. Den Teig nur so lange wie nötig rühren.
3) Den Teig in die Form füllen und auf der mittleren Schiene 50 Minuten backen; mit einem Holzstäbchen prüfen, ob der Kuchen fertig ist.
4) Den Kuchen 10 Minuten in der Form auskühlen lassen, dann auf ein Gitter setzen und komplett erkalten lassen.
5) Die Frosting-Zutaten mit einem Schneebesen gut miteinander verrühren. Den Kuchen damit bestreichen und nach Wunsch dekorieren. Der Kuchen hält sich 3 Tage im Kühlschrank.

Kohlrabi

Der Kohlrabi wird auch Kohlrübe oder Oberrübe genannt und ist eine der vielen Zuchtformen des Gemüsekohls. Er bildet eine oberirdisch wachsende Knolle, die in der Form an eine Rübe erinnert – daher der Name. Es handelt sich beim Kohlrabi also um eine Art „Mix aus Kohl und Rübe“ und irgendwie schmeckt und verhält sich dieses leckere Gemüse auch so.
Kohlrabis sind recht unkompliziert in der Pflege. Man sät sie entweder direkt ins Freiland oder zieht sie auf der Fensterbank vor. Als Mittelzehrer bevorzugen sie einen humusreichen und gleichmäßig feuchten Boden.
Der Kohlrabi lässt sich sehr einfach schälen, zubereiten und garen. Sein süßlicher Geschmack lässt an Rüben denken, während seine herbe, leicht scharfe Note – diese verdankt er den enthaltenen Senfölglykosiden – an Kohlgemüse erinnert. Nichtsdestotrotz ist es ein feines, schmackhaftes Gemüse, das auch Kinder gerne essen.
Der Kohlrabi enthält neben Kalium und Eisen u.a. die Vitamine A, B1, B2 und C. In den Blättern ist der Vitamingehalt sogar noch höher – man sollte diese daher nicht wegwerfen, sondern mitdünsten oder roh im Salat verwenden.
Der schmackhafte Kohl ist das ganze Jahr über in Geschäften, auf dem Wochenmarkt und beim Gemüsehändler zu erwerben, doch seine eigentliche Zeit ist der Herbst und Frühwinter. Im Handel sollte man zu festen und glatten Knollen greifen. Sie halten sich im Kühlschrank bis zu einer Woche frisch und knackig. Das Grün sollte noch schön frisch und knackig sein. Die Blätter des Kohlrabis lassen sich auch für Salate oder fein geschnitten in Aufläufen oder Suppen verwenden.
Sanft gegart oder auch schonend gedünstet, kann der Kohlrabi als Beilage oder auch als Hauptgericht gereicht werden. Man munkelt außerdem, er soll bereits als Nachtisch in Form von Speiseeis seinen Weg in so manch einen Magen gefunden haben.

Gefüllte Kohlrabi mit Reis und Oliven

Dieses leckere exotisch anmutende Ofengericht ist eine wahre Gaumenfreude. Die mit Reis, Gewürzen und Oliven gefüllten Kohlrabis bringen unsere Geschmacksrezeptoren auf volle Touren. Ein sehr feines, sättigendes und leicht zuzubereitendes Mahl.

Füllung
100 g Basmati-Reis
90 g schwarze Oliven
150 g rote Zwiebeln
2 EL Olivenöl
1 Knoblauchzehe
Meersalz
Pfeffer
6 gleich große Kohlrabi

Sauce
150 g rote Zwiebeln
1 Knoblauchzehe
8 g frischer Ingwer
3 EL Olivenöl
Pfeffer
½ TL Kurkuma
1 Msp. Zimt
1 Prise Zucker
Meersalz
3 EL Tomatenmark
2 frische Lorbeerblätter
1 TL Butter
2 EL Rotwein

Zubereitung

1) Für die Füllung den Reis nach Packungsanleitung zubereiten; er sollte noch etwas Biss haben.
2) Die Oliven in Scheiben schneiden. Die Zwiebeln schälen und in Streifen schneiden und im Olivenöl anbraten. Den Knoblauch schälen, fein hacken, mit den Oliven zu den Zwiebeln geben und ebenfalls mit anbraten. Mit etwas Salz und Pfeffer abschmecken. Nun mit dem Reis vermischen und beiseitestellen.
3) Die Kohlrabis schälen, von hölzernen Stellen befreien und dabei am besten auf beiden Seiten abflachen, so dass sie später gut in einer Backform stehen können. Nun die so präparierten Kohlrabi mit einem Apfelentkerner gleichmäßig aushöhlen. Beiseitestellen.
4) Für die Sauce die Zwiebeln, den Knoblauch und den Ingwer schälen und fein hacken. In einem Topf im Olivenöl anbraten. Pfeffer, Kurkuma, Zimt, Zucker und Meersalz dazugeben. Dann das Tomatenmark dazugeben und ebenfalls mit anbraten. Mit 250 ml heißem Wasser ablöschen und die frischen Lorbeerblätter dazugeben. Alles für ca. 20 Minuten köcheln lassen. Dann den Herd ausschalten, die Butter und den Rotwein unterrühren und die Sauce nochmals abschmecken.
5) Den Ofen auf 220 °C Ober-/Unterhitze vorheizen. Eine feuerfeste Auflaufform mit der Sauce befüllen und die Lorbeerblätter evtl. schon jetzt entfernen. Die ausgehöhlten Kohlrabis mit der Reis-Olivenmischung füllen und in die Auflaufform setzen. Alles für ca. 1 Stunde backen, bis die Kohlrabis gar sind.

Für 4 Personen | Zubereitungszeit: 10 Minuten + 40 Minuten Garzeit

Kohlrabi-Kartoffel-Gratin

Aufläufe sind wärmend, lecker und nahrhaft. Dieses Rezept kombiniert in geschmackvoller Weise gleich zwei tolle Knollen, denn Kohlrabi und Kartoffeln ergänzen sich im Ofen zu einem aromatischen Ganzen.

500 g vorwiegend festkochende Kartoffeln
600 g Kohlrabi
1 Zwiebel
1 Knoblauchzehe
2 EL Rapsöl
Salz
Pfeffer
Muskatnuss
15 g Mehl
150 ml Gemüsebrühe (Rezept Seite 12)
150 ml Milch
100 ml Sahne
½ Bund krause Petersilie
Zitronenabrieb
30 g geriebener Hartkäse + mehr zum Bestreuen

Zubereitung

1) Die Kartoffeln, die Kohlrabis, die Zwiebel und den Knoblauch schälen. Die Kartoffeln und die Kohlrabis in ca. 2–3 mm dicke Scheiben schneiden und in leicht gesalzenem Wasser vorab garen. Die Zwiebel und den Knoblauch klein hacken.
2) Den Backofen auf 190 °C Ober/-Unterhitze vorheizen.
3) In einem Topf das Öl erhitzen und die Zwiebel und den Knoblauch darin anbraten. Salz, Pfeffer und etwas geriebene Muskatnuss dazugeben. Nun das Mehl hinzufügen und kurz mit anrösten. Unter Rühren die Gemüsebrühe und die Milch dazugeben und aufkochen lassen, dann die Sahne dazugeben. Die Petersilie fein schneiden und zusammen mit etwas Zitronenabrieb unterrühren. Dann den geriebenen Hartkäse unterrühren, einmal aufkochen lassen und das Ganze nochmals abschmecken.
4) In einer kleinen Auflaufform die abgetropften Kohlrabischeiben und die Kartoffelscheiben schichten, die Sauce darübergeben und mit Käse bestreuen. Den Auflauf für 30–40 Minuten in den Backofen geben und goldbraun backen.

Tipps

Wir haben würzigen Almkäse verwendet. Der Auflauf schmeckt auch lauwarm. Dazu passt Chicorée-Salat sehr gut.

Kohlrabi-Fritten mit Zitronen-Dip

Frisch und fruchtig kommen diese leckeren Kohlrabi-Fritten daher. Einfach hergestellt und in Kombination mit dem blumigen Dip ein ganz leichtes Sommergericht.

Fritten
3 Kohlrabi

Marinade
1 TL gehackter Rosmarin
½ TL Cayennepfeffer
1 Prise Zimt
¼ TL Ingwerpulver
1 TL Currypulver
Meersalz
1 TL Ahornsirup
3 EL Olivenöl
3 EL Pankomehl

Zitronen-Dip
1 EL Petersilie
2 EL Schnittlauch
80 g Cashew-Frischcreme, alternativ Frischkäse
4 EL Joghurt nach Wahl
Abrieb einer ½ Zitrone
1 TL Zitronensaft
1 TL Ahornsirup oder 1 Prise Zucker
Salz

Zubereitung

1) Den Backofen auf 200 °C Ober/-Unterhitze vorheizen.
2) Die Kohlrabis schälen und zu Stiften schneiden.
3) Rosmarin, Cayennepfeffer, Zimt, Ingwerpulver, Currypulver, etwas Meersalz, Ahornsirup und Olivenöl in einer größeren Schale vermischen. Die Kohlrabistifte in die Schüssel geben und mit sauberen Händen oder einem Löffel vermengen. Dann auf einem mit Backpapier belegten Backblech ausbreiten, mit dem Pankomehl bestreuen und leicht mischen.
4) Nun für 30 Minuten im Ofen gelbbraun backen, evtl. nach 20 Minuten einmal wenden.
5) Solange die Kohlrabis im Ofen sind, die Petersilie und den Schnittlauch fein hacken. Die Zutaten für den Dip in ein Schälchen geben und cremig rühren.
6) Die fertigen Kohlrabi-Fritten auf Tellern anrichten und mit dem Dip servieren.

Kohlrabi-Meerrettich-Cremesuppe

Ganz toll und easy selbst gemacht: Die cremige Suppe ist ein tolles Zusammenspiel von Toppings und Kohlrabi. Als Ergebnis erhalten wir eine sämig-weiche und liebliche Suppe mit einem herzhaft-würzigen und kräftigen Finish.

Suppe
700 g Kohlrabi
1 weiße Zwiebel
1 Knoblauchzehe
3 EL Rapsöl
Pfeffer
frisch geriebene Muskatnuss
200 ml trockener Weißwein
200 ml Sahne
100 ml Gemüsebrühe (Rezept Seite 12)
Salz
15 g Petersilie
5–7 g frischer Meerrettich

Topping
10 Champignons
4 Frühlingszwiebeln
1 EL Butter

Zubereitung

1) Die Kohlrabis sorgfältig schälen und in Würfel schneiden. Die Zwiebel und den Knoblauch schälen und in feine Würfel schneiden.
2) In einem Topf das Rapsöl erhitzen und die Zwiebel und den Knoblauch darin anbraten. Mit Pfeffer und Muskatnuss würzen. Dann mit dem Weißwein ablöschen. Die Kohlrabistücke dazugeben und sowohl die Sahne als auch die Gemüsebrühe dazugeben. Den Kohlrabi 30 Minuten weich kochen und dann den Herd ausschalten. Die Masse pürieren und mit Salz abschmecken. Die Petersilie hacken und den Meerrettich fein reiben. Beides unterrühren.
3) In einer separaten Pfanne die in Scheiben geschnittenen Champignons anbraten, bis die Flüssigkeit verdampft ist, dann die in Ringe geschnittenen Frühlingszwiebeln und die Butter hinzufügen und kräftig anbraten.
4) Die Suppe in Schalen verteilen und mit den Pilzen garnieren.

Tipps

Wer es flüssiger mag, gibt etwas mehr Gemüsebrühe oder Sahne hinzu. Statt Champignons könnt ihr auch andere Pilze verwenden. Wer Meerrettich liebt, nimmt eher 7–10 g. Weiße Zwiebeln sind milder als rote.

Für 4 Personen als Vorspeise | Zubereitungszeit: 20 Minuten + 30 Minuten Ruhezeit + 25 Minuten Backzeit

Kohlrabi-Piroschkis

Wer kennt die leckeren russischen Teigtaschen nicht? Diesmal bereiten wir sie mit Dinkelmehl und einer leckeren Kohlrabifüllung zu. Immer wieder prima als Pausensnack in kalter Form oder auch heiß nach dem Spaziergang.

Teig
240 g Dinkelmehl (Type 630)
150 g Schmand
590 g kalte Butter
½ TL Salz

Füllung
1 Zwiebel
1 Knoblauchzehe
330 g Kohlrabi
1 Karotte
½ Bund Petersilie
2 EL Albaöl
Pfeffer
Salz
50 g geriebener Gruyère
Sojasahne oder Ei zum Bestreichen

Zubereitung

1) Die Zutaten für den Teig in eine Küchenmaschine geben und zu einem glatten Teig verarbeiten. In Frischhaltefolie wickeln und 30 Minuten in den Kühlschrank legen.
2) In der Zwischenzeit die Füllung zubereiten. Die Zwiebel, den Knoblauch, den Kohlrabi und die Karotte schälen und fein würfeln. Die Petersilie klein hacken. Das Öl in einer Pfanne erhitzen und die Zwiebeln und den Knoblauch glasig dünsten. Dann den Kohlrabi und die Karotte hinzugeben und 5–8 Minuten auf kleiner Hitze anbraten. Pfeffer, Salz und Petersilie dazugeben und verrühren.
3) Den Ofen auf 180 °C Ober/-Unterhitze vorheizen und ein Blech mit Backpapier belegen.
4) Den Teig auf einer bemehlten Arbeitsfläche ca. 0,4 cm dick ausrollen und 12–13 Kreise von 10 cm ø ausstechen.
5) Die Füllung in die Mitte geben, etwas Käse dazugeben und die Teigränder dünn mit Wasser bestreichen. Über die Füllung klappen und die Ränder fest zusammendrücken. Wer mag, faltet die Ränder. Die Piroschki auf das Blech legen und mit Sojasahne oder verquirltem Ei bestreichen. Auf der mittleren Schiene 20–25 Minuten goldgelb backen.

Für 2 Personen | Zubereitungszeit: 10 Minuten + 15 Minuten Garzeit

Kohlrabi-Ragout mit Meerrettich

Ein Ragout der besonderen Art stellt dieses vegetarische Rezept dar. Es vereint die erdigen Noten des Kohlrabis mit den fruchtigen Aromen der Birne und den scharfen des Meerrettichs. Einfach lecker und leicht bekömmlich.

2 Kohlrabis
1 Zwiebel
1 Knoblauchzehe
1 feste Birne
1 EL frisch gepresster Limettensaft
2 EL Erdnussöl
Pfeffer
Abrieb einer ⅓ Muskatnuss
100 ml Gemüsebrühe (Rezept Seite 12)
100 ml Sahne
Abrieb einer ½ Zitrone
Rauchsalz
100 ml Weißwein
etwas glatte Petersilie
½ TL frisch geriebener Meerrettich

Zubereitung

1) Die Kohlrabis, die Zwiebel und den Knoblauch schälen; die Birne schälen und entkernen. Die Birne in Würfel und die Zwiebel und den Knoblauch in feine Stücke schneiden. Die entkernte und gewürfelte Birne mit Limettensaft beträufeln und beiseitestellen.
2) In einem Topf das Öl erhitzen und die Zwiebel und den Knoblauch darin anbraten. Pfeffern und den Muskatnussabrieb dazugeben. Die Kohlrabistücke dazugeben und mit der Brühe ablöschen. Die Sahne hinzugeben, aufkochen lassen und den Zitronenabrieb, etwas Rauchsalz und den Weißwein hinzufügen. 10 Minuten köcheln lassen; die Kohlrabistücke sollten noch etwas Biss haben.
3) Die Petersilienblätter fein hacken. Den Herd abschalten, die Birnen samt Saft, den Meerrettich sowie die Petersilienblätter hinzufügen und 5 Minuten ziehen lassen. Mit Salz und Zitronensaft abschmecken.

Tipps

Dazu passen Reis, Salzkartoffeln oder auch Nudeln. Statt Sahne könnt ihr auch Hafer- oder Sojasahne verwenden.

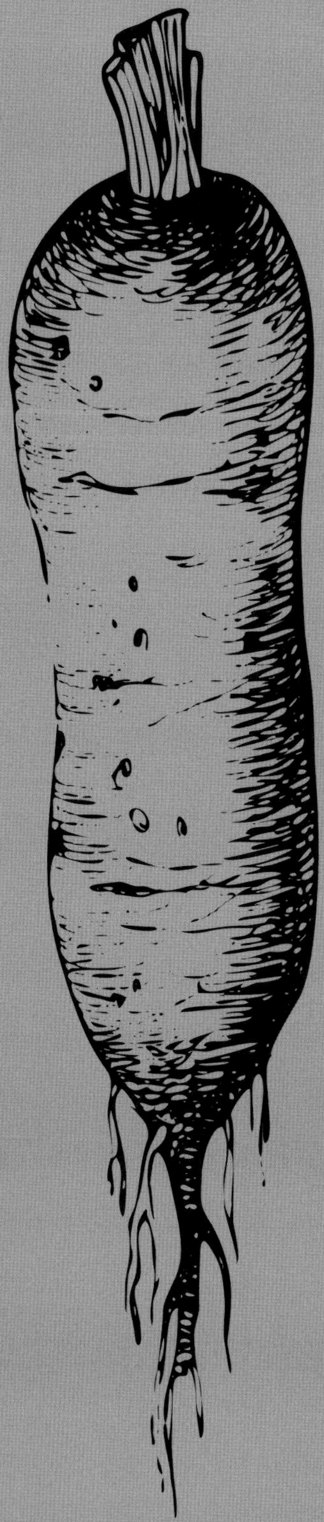

Rettich & Radieschen

Rettiche gibt es in ganz unterschiedlichen Farben, Formen, Schärfegraden und Größen. Gängige Farben sind bei uns vor allem rot, weiß und schwarz. Letztere sind in der Form eher kugelig, die Übrigen eher länglich oder verzweigt. Allen gemeinsam ist der Anteil an leicht flüchtigen Senfölglykosiden, die einem bisweilen den Schweiß auf die Stirn treiben, zumindest aber für ein gewisses Prickeln in der Nase beziehungsweise im Rachen sorgen.
Rettiche bevorzugen einen sonnigen Standort und einen lockeren und tiefgründigen, lehmigen Sandboden mit gleichmäßiger Bodenfeuchte. Radieschen lassen sich mehrmals im Jahr ziehen. Man sollte den Rettich nicht zu spät sähen, sonst wird er holzig. Die beste Zeit ist, je nach Sorte, von April bis August. Erntesaison ist meist von März bis September, beim Schwarzrettich in den Wintermonaten.
Bereits ein Rettich deckt unseren Tagesbedarf an Vitamin C; darüber hinaus enthält das Gemüse noch zahlreiche Mineralien wie Kalium, Kalzium und Magnesium sowie gesunde Bitterstoffe.
Rettiche können je nach Aussaat von Juni bis Oktober geerntet werden, sollten aber vor den ersten Frösten aus der Erde geholt werden.
Der Rettich ist also eine sehr leckere und gesunde Wurzel, und er wird nicht nur in Bayern gerne zu einem Bier, einer Brezel und/oder einem Obatzten verzehrt, sondern erfreut sich beispielsweise auch im fernen Japan außerordentlicher Beliebtheit. Dort wird er in roher ebenso wie in eingelegter Form oder gegart genossen. In jedem Fall ist es ein herrliches Gemüse, das sehr gesund ist und herzhaft schmeckt.
Radieschen sind eine Sorte des Gartenrettichs, die vor allem bei Kindern sehr beliebt ist. Sie lassen sich leicht selbst aussäen und schon nach etwa vier Wochen ernten – daher werden sie auch Monatsrettiche genannt. Sie schmecken weniger scharf als ihre großen Verwandten und können roh im Ganzen genascht oder in Scheiben, Stifte oder Krönchen geschnitten werden. Durch den hohen Wasseranteil sind sie eine kalorienarme und frische Bereicherung für Dips und Salate.

Für 2 Personen | Zubereitungszeit: 15 Minuten + 15 Minuten Garzeit

vegan

Glasnudeln mit Rettich-Zoodles und Erdnusssauce

Ein sehr feines Gericht aus der fernöstlichen Küche. Es enthält viele Zutaten, die alle sehr schöne Konsistenzen, Aromen und wertvolle Inhaltsstoffe aufweisen. Für echte Fans von leckeren Asia-Snacks!

100 g Glasnudeln
1 weiße Zwiebel
1 Knoblauchzehe
10 g frischer Ingwer
1 gelber Chili
frischer Koriander
1 EL geröstetes Sesamöl
2 EL Rapsöl
125 ml Kokosmilch
1 EL Misopaste
1 EL Erdnussbutter
1 EL Sojasauce
1 TL Zitronensaft
1 EL Pflaumensauce
1 kleine hellgrüne Paprika
1 Pflaume
1 kleiner roter Rettich
4 EL Microgreens (Sprossen/Keime)
30 g Erdnüsse ohne Schale

Zubereitung

1) Die Glasnudeln nach Packungsanleitung zubereiten und zur Seite stellen.
2) Die Zwiebel, den Knoblauch und den Ingwer schälen und klein hacken. Den Chili entkernen und klein schneiden, die Korianderstiele und -blättchen getrennt voneinander klein hacken. In einem Topf die Öle erhitzen und die Zwiebeln, den Knoblauch, den Ingwer, die Chilischote sowie die Korianderstiele darin scharf anbraten. 225 ml heißes Wasser und die Kokosmilch dazugeben.
3) Nun die Misopaste und die Erdnussbutter unter stetem Rühren darin auflösen. Mit Sojasauce, Zitronensaft und Pflaumensauce abschmecken. Dann die Paprika waschen und in Streifen schneiden, die Pflaume waschen und würfeln. Beides dazugeben. 5 Minuten köcheln lassen.
4) Alles vom Herd nehmen. Den Rettich zu Zoodles verarbeiten. Die Glasnudeln mit der Gemüsesauce, den Korianderblättern, den Rettich-Zoodles, dem Microgreen und den Erdnüssen garnieren und genießen.

Tipps

Statt der Pflaumensauce könnt ihr auch etwas Dattelsüße verwenden. Ihr könnt die Nudeln unter die Sauce rühren oder daraufgeben. Edamame passen auch noch gut dazu. Probiert auch mal Zitronengras statt Ingwer. Geröstetes Sesamöl schmeckt würziger als normales. Wer Kokosmilch liebt, nimmt mehr davon und weniger Wasser. Fein geschnittene Frühlingszwiebeln runden das Gericht lecker ab.

Für 2 Personen als Vorspeise | Zubereitungszeit: 15 Minuten + 20 Minuten Garzeit

Kichererbsen-Pfannkuchen mit eingelegten Radieschen

Die Basis dieses überraschend guten Pfannkuchenteigs sind Kichererbsen. Fein und mit exotischen Geschmacksnuancen spielend kommt dieser freche, an die indische Küche angelehnte Teigfladen mit Radieschen voll zur Geltung.

Eingelegte Radieschen
100 g Radieschen
2 EL Weißweinessig
½ TL Zucker
Salz
1 Prise Chiliflocken
½ TL schwarzer Sesam

Pfannkuchen
125 g Kichererbsenmehl
25 g Stärke
½ TL Backpulver
½ TL Salz
200 ml Mineralwasser
1 EL Apfelessig
1 Knoblauchzehe
1 cm Ingwer
1 Frühlingszwiebel
Öl zum Anbraten und Ausbacken

Avocadocreme
½ Avocado
150 g griechischer Joghurt
1 EL gehackter Koriander
Salz
Pfeffer

Außerdem
1 Frühlingszwiebel zum Servieren (optional)

Zubereitung

1) Die Radieschen waschen und sehr fein hobeln. Den Essig, 60 ml Wasser, den Zucker, das Salz, die Chiliflocken und den Sesam mischen. Die Radieschen hinzugeben und ziehen lassen, während die Pfannkuchen zubereitet werden.
2) Für die Pfannkuchen das Kichererbsenmehl, die Stärke, das Backpulver und das Salz mischen. Das Mineralwasser und den Essig dazugeben und verrühren.
3) Den Knoblauch und den Ingwer schälen und fein hacken, die Frühlingszwiebel in feine Ringe schneiden. Knoblauch, Ingwer und Frühlingszwiebel in Öl anbraten, bis alles lecker duftet. Abkühlen lassen, unter den Teig rühren und 20 Minuten stehen lassen.
4) Für die Avocadocreme die Avocado fein pürieren, mit dem Joghurt und dem Koriander mischen und mit Salz und Pfeffer würzen.
5) Die Frühlingszwiebel längs in dünne Streifen schneiden und 5 Minuten ins Wasser legen.
6) Öl in einer Pfanne erhitzen und portionsweise die Pfannkuchen darin ausbacken.
7) Die Pfannkuchen mit eingelegten Radieschen, Avocadocreme und Frühlingszwiebelstreifen servieren.

Wassermelonenrettich-Salat mit Pomelo und Zitronendressing

Köstlich, fruchtig und gleichzeitig lieblich und scharf. So präsentiert sich dieser geniale Salat aus einem farblich und geschmacklich tollem Rettich mit Früchten und Sprossen. Die Devise: unbedingt genießen.

Salat
2 Wassermelonenrettiche
100 g Fetakäse
3 EL Saatenmix
2–3 Spalten rosa Pomelo
frische Kresse
2 EL gehackter Schnittlauch

Dressing
4 EL Olivenöl
1 EL frisch gepresster Zitronensaft
1 EL frisch gepresster Orangensaft
1 TL Ahornsirup
1 TL körniger Senf
Salz
schwarzer Pfeffer aus der Mühle

Zubereitung

1) Die Rettiche waschen und in dünne Scheiben hobeln. Auf 2 Tellern oder einer größeren Platte anrichten. Den Fetakäse zerkrümeln und darüberstreuen.
2) Die Saaten in einer Pfanne ohne Fett anrösten und beiseitestellen.
3) Die Pomelos schälen und in Stücke brechen.
4) Die Saaten, die Pomelostücke, die Kresse und den Schnittlauch mit dem Rettich vermischen.
5) Die Zutaten für das Dressing in ein Schraubglas geben, gut schütteln und mit Salz und Pfeffer abschmecken. Das Dressing über den Salat geben und servieren.

Für ein Glas à 500 ml | Zubereitungszeit: 15 Minuten + 14 Tage Ziehzeit

vegan

Rettich-Pickles

Rettich ist ja manchmal zu scharf und zu intensiv im Geschmack. Warum also nicht mit einigen wenigen Handgriffen und mit etwas Geduld daraus etwas schön säuerlich Eingelegtes machen?

460 g Rettich
20 g Ingwer
1 TL Senfkörner
120 ml Reisessig
120 ml Apfelessig
100 g Zucker
15 g Salz
2 Lorbeerblätter

Zubereitung

1) Den Rettich gut waschen und schälen. Den Rettich in dünne Scheiben hobeln und in ein Einmachglas geben. Den Ingwer waschen, ungeschält in dünne Scheiben schneiden und ebenfalls in das Glas geben.
2) Die Senfkörner in einer Pfanne anrösten, bis sie duften. Mit beiden Essigsorten und 250 ml Wasser ablöschen. Den Zucker, das Salz und die Lorbeerblätter dazugeben, einmal aufkochen lassen und vom Herd nehmen. Den Sud über den Rettich geben und verschließen. Bei Raumtemperatur ca. 14 Tage ziehen lassen. Am besten stellt man das Glas dazu in eine dunkle Ecke.

Für 2 Personen | Zubereitungszeit: 15 Minuten + 30 Minuten Garzeit

Rettich-Grünkern-Salat

Grünkern, das halbreif geerntete Korn des Dinkels, ist eine alte Getreidesorte mit viel Geschmack. Hier servieren wir sie euch als Salat-Rezept in Kombination mit Rettich.

150 g Grünkern
Meersalz
2 Zweige Bohnenkraut
1 EL Olivenöl
1 Msp. Kurkuma
1 Msp. Kümmelpulver
10 g glatte Petersilie
Pfeffer
1 EL Weißwein
1 EL Quittensaft
1 EL Apfelessig
2 EL Distelöl
1 TL getrockneter Dill
3 TL Mayonnaise
1 TL Dijon-Senf
1 Birne
320 g schwarzer Rettich
150 g gekochte weiße Bohnen (Dose)
Zitronensaft zum Abschmecken

Zubereitung

1) Den Grünkern waschen, in Salzwasser 10 Minuten köcheln lassen und dann 20 Minuten auf niedrigster Stufe garen. Abgießen und beiseitestellen.
2) Die Blättchen von Bohnenkraut abzupfen und klein hacken. In einer beschichteten Pfanne das Olivenöl erhitzen und dann das Bohnenkraut, die Kurkuma, das Kümmelpulver und den vorgekochten Grünkern darin sanft anbraten.
3) Die Petersilie klein hacken. In einer Schüssel Meersalz, Pfeffer, Weißwein, Quittensaft, Essig, Distelöl, Petersilie, Dill, Mayonnaise und Senf gut verrühren. Die Birne entkernen und würfeln, den Rettich schälen und auf einem Hobel in feine Stifte hobeln.
4) Den Rettich, die Birne und die Bohnen unter das Dressing mischen und mit Zitronensaft abschmecken. Auf Tellern anrichten.

Tipps

Nehmt einen abgelagerten Rettich, der ist weniger scharf. Ihr könnt auch pflanzliche Mayonnaise nehmen. Wer mag, kann zum Schluss geröstete Nüsse, Käse und/oder Zwiebelringe unterrühren. Statt Quittensaft geht auch Apfelsaft. Schwarzer Rettich enthält weniger Wasser als seine Verwandten.

Für ein Glas à 225 ml | Zubereitungszeit: 5 Minuten

Lila Rettichbutter

Farblich schön anzusehen und eine wahre Bereicherung der Brotzeit ist diese Variante einer Würz-Butter. Sie besticht durch ihre leicht scharfe und aromatische Würzkraft.

125 g weiche Butter (Zimmertemperatur)
100 g lila Rettich
1 TL Meersalzflocken

Zubereitung

1) Die Butter in eine Schüssel geben und mit einer Gabel zerdrücken.
2) Den Rettich waschen, mit einem Sparschäler schälen und mit einem Hobel in sehr feine Stifte hobeln. Die Rettichstifte in ein Sieb geben und so viel Saft wie möglich ausdrücken. Die Rettichstifte zur Butter geben und mit Salzflocken vermischen.
3) Die Butter auf frischem Bauernbrot mit etwas Schnittlauch und Kresse servieren.

Tipps

Statt normaler Butter eignet sich auch pflanzliche Butter. Die Rettichbutter passt auch zu gedünstetem Gemüse. Gut verschlossen hält sie sich 2 Tage im Kühlschrank.

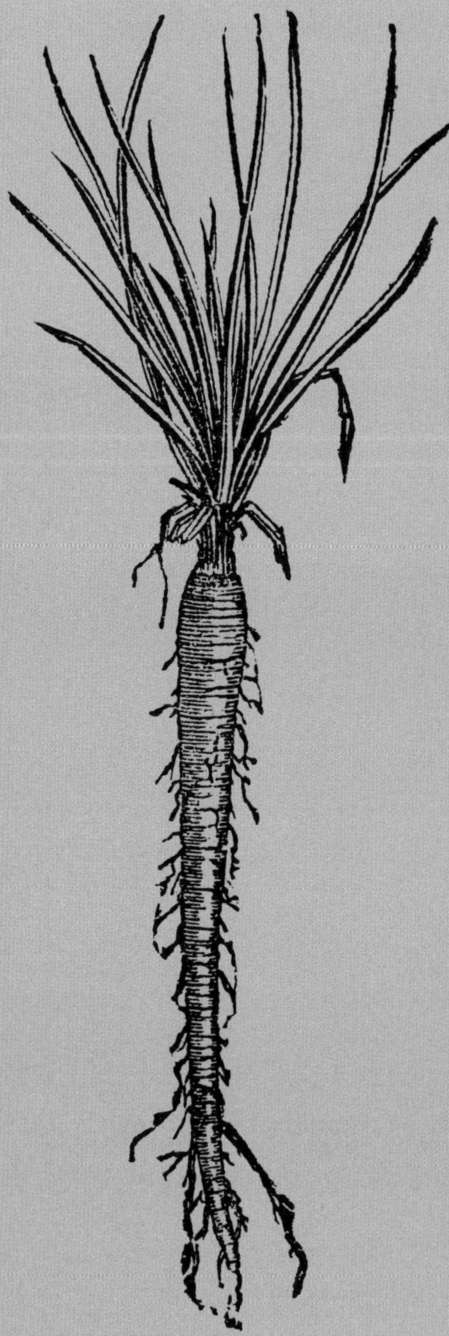

Schwarzwurzel

Diese etwas aus der Mode gekommene Wurzel war früher ein häufiger Gast und eine gern genutzte Zutat in der Küche. Sie ist auch als Winterspargel bekannt, obwohl sie botanisch gesehen nichts mit dem Spargel gemein hat. Der Vergleich ist wohl eher der Form und der weißen Farbe im geschälten Zustand geschuldet. Sie gehört ebenso wie der Chicorée/Radicchio oder die Gewöhnliche Wegwarte (Muckefuck) zu den Zichoriengewächsen.
Die Samen werden direkt ins Gemüsebeet gesät und man beginnt hierbei schon im Februar, damit sie bis Oktober Zeit haben zu wachsen. Man findet die Schwarzwurzel ab Oktober bis über die gesamten Wintermonate auf dem Markt. Man lagert sie ungewaschen, am besten in erdfeuchtem Sand, an einem kühlen Ort.
Das Gemüse ist von der Handhabung her nicht ganz so simpel wie beispielsweise eine Karotte oder eine Zwiebel. Unsere Empfehlung für die Verarbeitung ist, beim Schälen Gummihandschuhe zu benutzen und die Wurzel bis zu ihrer endgültigen Verarbeitung in mit Essig oder Zitronensaft versetztem Wasser zu lagern. Die Handschuhe halten den klebrigen Saft, der sich beim Schälprozess bildet, von den Händen fern. Das saure Wasser dient dazu, dass eine Oxidation und damit einhergehende ungewollte Braunfärbung des weißen Gemüses vermieden wird.
Der Geschmack von Schwarzwurzeln ist mild mit einer leicht nussigen Note. In gekochtem Zustand ist die Wurzel weich, weiß und leicht cremig. Sie kann in Stücke geschnitten gekocht und püriert werden, man kann sie in Scheiben schneiden und anbraten oder sie auf einem Ofenblech mit anderen Gemüsesorten rösten und mit Dips oder Saucen genießen. Sie besitzt keinen dominanten Eigengeschmack und ist daher geschmacklich auch gut für Kinder geeignet.
Einzig Menschen, die sensibel auf Inulin reagieren, können Probleme mit der Verdauung von Schwarzwurzeln haben. Alle anderen sollten das Gemüse unbedingt einmal kosten, denn es bereichert unseren regionalen Speiseplan.

Für 2 Personen | Zubereitungszeit: 20 Minuten + 20 Minuten Garzeit

Pasta Nero Verde

Der Name ist hier Programm. Die schwarzen Zutaten sind in diesem Fall leckere Oliven und Schwarzwurzeln, die grünen Zutaten sind Kapern und Erbsen.

150 g Mezzi Rigatoni
Meersalz
70 g gefrorene grüne Erbsen
1 EL Zitronensaft oder Essig
250 g Schwarzwurzeln
2 Knoblauchzehen
3 EL Olivenöl
1 EL Butter
50 g schwarze Oliven
1 ½ EL Tomatenmark
1 Prise Rohrohrzucker
1 Msp. gemahlener Fenchel
Rauchsalz
Pfeffer
1 EL Kapern

Außerdem

Nitril-Handschuhe
1 EL Zitronensaft oder Essig

Zubereitung

1) Die Pasta nach Packungsanleitung in Salzwasser al dente garen und beiseitestellen. Ca. 120 ml des Nudelkochwassers aufbewahren. Die Erbsen in warmem Wasser auftauen lassen.
2) In einer Schüssel kaltes Wasser mit 1 EL Zitronensaft oder Essig mischen. Die Schwarzwurzeln mit Handschuhen schälen, schräg in lange Stücke schneiden und sofort in Essig- oder Zitronenwasser legen, damit sie sich nicht verfärben.
3) Den Knoblauch schälen und klein hacken. In einem Topf das Öl erhitzen und den Knoblauch darin kurz anbraten. Die Butter und die Oliven dazugeben. Dann das Tomatenmark hinzufügen und etwas anrösten. Mit dem Nudelkochwasser aufgießen. Nun die Schwarzwurzeln zur Sauce geben und alles ca. 15 Minuten köcheln lassen.
4) Anschließend den Rohrzucker, die gemahlenen Fenchelsamen sowie etwas Rauchsalz und Pfeffer dazugeben. Alles so lange köcheln lassen, bis die Schwarzwurzeln die gewünschte Konsistenz erreicht haben. Den Topf vom Herd nehmen, die Erbsen, die Kapern und die Nudeln unterrühren und vor dem Servieren kurz warm werden lassen.

Tipps

Die Oliven am besten vorher entsteinen oder bereits entsteinte Oliven nehmen. Ihr könnt auch andere Pasta verwenden. Schwarzwurzeln kann man auch roh essen, sie dürfen also ruhig etwas Biss haben.

Schwarzwurzel-Cremesuppe

Eine ganz wunderbare „alte" Gemüsesorte ist die Schwarzwurzel. Auch als „Spargel der armen Leute" bekannt, erfährt sie, da in unseren Gefilden schon von jeher heimisch, eine Art Renaissance. Ein sahnig-cremiges Geschmackserlebnis für die Wintermonate!

Toppings
80 g gefrorene grüne Erbsen
200 g gekochte Kichererbsen
1 EL Öl
Salz
Pfeffer

Suppe
750 g Schwarzwurzeln
1 Msp. gemahlene Kümmelsaat
150 g mehligkochende Kartoffeln
4 Schalotten
3 EL Distelöl
Pfeffer
Meersalz
1 Prise Zucker
frisch geriebene Muskatnuss
4 EL Gin
500 ml Schlagsahne
1 Lorbeerblatt
175 ml trockener Weißwein
Zitronenabrieb

Außerdem
Nitril-Handschuhe
1 EL Zitronensaft oder Essig

Zubereitung

1) Die Erbsen in warmem Wasser auftauen lassen und die Kichererbsen abgießen. Danach die Kichererbsen mit 1 EL Öl sowie etwas Salz und Pfeffer im Ofen beim 200 °C Ober-/Unterhitze 30 Minuten rösten.
2) In einer Schüssel kaltes Wasser mit 1 EL Zitronensaft oder Essig mischen. Die Schwarzwurzeln mit Handschuhen schälen, in feine Stücke schneiden und sofort in Essig- oder Zitronenwasser legen, damit sie sich nicht verfärben.
3) Kümmelsaat in einer beschichteten Pfanne anrösten. Kartoffeln schälen und in feine Würfeln schneiden. Schalotten schälen und fein hacken und in einem Topf mit 3 EL Öl anbraten. Pfeffer, Salz, Kümmelsaat, Zucker und etwas Muskatnussabrieb dazugeben.
4) Dann mit dem Gin ablöschen und etwas köcheln lassen. Nun etwa 350 ml Sahne angießen. 425 ml heißes Wasser und das Lorbeerblatt dazugeben und etwa 450 g Schwarzwurzeln sowie die Kartoffeln dazugeben. Dann alles für ca. 30 Minuten gar köcheln lassen. Das Lorbeerblatt entfernen und den Inhalt des Topfes fein pürieren.
5) Nun den Weißwein dazugeben und alles für weitere 15 Minuten köcheln lassen.
6) Zitronenabrieb nach Geschmack und die restlichen Schwarzwurzeln dazugeben. Weitere 15 Minuten garen. Mit Salz abschmecken.
7) Die restliche Sahne steif schlagen und vor dem Servieren mit den Erbsen und den Kichererbsen garnieren. Wer mag, gibt noch geröstete Mandelblättchen darüber.

Schwarzwurzel-Kartoffelauflauf

Auch für Aufläufe sind Schwarzwurzeln ideal geeignet. Ihr milder, bisweilen nussiger, weicher und buttriger Geschmack ergibt in Kombination mit weiteren guten Zutaten ein tolles Hauptgericht für Groß und Klein.

Auflauf

500 g Schwarzwurzeln
150 g Grünkohl
500 g vorwiegend festkochende Kartoffeln
1 Zwiebel
1 EL Zitronensaft
4 EL Rapsöl
5 TL Weizenmehl
schwarzer Pfeffer aus der Mühle
frisch geriebene Muskatnuss
300 ml Gemüsebrühe (Rezept Seite 12)
200 ml Milch
100 ml Weißwein
80 g Hartkäse
1 Eigelb
Meersalz

Außerdem

Nitril-Handschuhe
1 EL Zitronensaft oder Essig

Zubereitung

1) In einer Schüssel kaltes Wasser mit 1 EL Zitronensaft oder Essig mischen. Die Schwarzwurzeln mit Handschuhen schälen und sofort in Essig- oder Zitronenwasser legen, damit sie sich nicht verfärben.
2) Den Grünkohl waschen, die Blätter von der Hauptblattader trennen und blanchieren. Danach ausdrücken, in Streifen schneiden und beiseitestellen. Die Kartoffeln und die Zwiebel schälen und in Scheiben/Ringe hobeln. Die Kartoffelscheiben abspülen und in kochendem Wasser ca. 10–15 Minuten vorkochen. Danach abgießen und ebenfalls beiseitestellen.
3) In einem Topf Wasser zum Kochen bringen und der Zitronensaft dazugeben. Die Schwarzwurzeln in Scheiben schneiden, in das kochende Wasser geben und ca. 10 Minuten sanft garen. Dann abgießen und beiseitestellen.
4) In einem Topf das Öl erhitzen und dann das Mehl darin kurz anbraten, etwas Pfeffer und Muskatnussabrieb sowie die Gemüsebrühe dazugeben und aufkochen lassen. Die Hitze reduzieren und die Milch, den Weißwein und die Zwiebelringe dazugeben. Nun den geriebenen Hartkäse unterrühren, bis er sich aufgelöst hat, und dann die Grünkohlstreifen dazugeben. Vom Herd nehmen und das Eigelb unterrühren. Mit Meersalz abschmecken und in einer geeigneten, feuerfesten Form das Gemüse und die Sauce vermischen.
5) Den Backofen auf 200 °C Ober-/Unterhitze vorheizen.
6) Den Auflauf abdecken und für ca. 40 Minuten backen. Danach die Abdeckung herunternehmen und nochmals für 10–20 Minuten knusprig backen. 5 Minuten stehen lassen und dann servieren.

Für 2 Personen | Zubereitungszeit: 20 Minuten + 50 Minuten Garzeit

Schwarzwurzel-Ragout

Eine leckere Begleitung für Kartoffeln, Reis und sogar Nudeln. Die Schwarzwurzeln nebst Meerrettich und Weißwein bilden eine ausgewogene und feine Beilage.

400 g Schwarzwurzeln
1 Zwiebel
2 EL Distelöl
Pfeffer
1 Prise Zucker
200 ml Gemüsebrühe (Rezept Seite 12)
25 g frisch geriebener Meerrettich
50 g Sahne-Meerrettich
100 ml Milch
100 g Schmand
100 ml trockener Weißwein
2 Lorbeerblätter
Meersalz

Außerdem
Nitril-Handschuhe
1 EL Zitronensaft oder Essig
2 TL Maisstärke (optional)
Kresse, Kerbel oder Petersilie zum Garnieren

Zubereitung

1) In einer Schüssel kaltes Wasser mit 1 EL Zitronensaft oder Essig mischen. Die Schwarzwurzeln mit Handschuhen schälen, schräg in feine Stücke schneiden und sofort in Essig- oder Zitronenwasser legen, damit sie sich nicht verfärben.
2) Die Zwiebel schälen, in feine Würfel schneiden und in einem Topf im Öl anbraten. Etwas Pfeffer und den Zucker hinzufügen und das Ganze mit der Brühe ablöschen. Dann Meerrettich, Sahne-Meerrettich, Milch, Schmand und 100 ml heißes Wasser dazugeben. Nach etwa 10 Minuten den Weißwein dazugeben und alles fein pürieren.
3) Jetzt die Lorbeerblätter, etwas Meersalz und die Schwarzwurzeln hinzufügen. Etwa 40 Minuten köcheln lassen.
4) Falls die Sauce etwas dicker sein soll, die Stärke in 1 EL kaltem Wasser auflösen und ebenfalls dazugeben. Nochmals 10 Minuten köcheln lassen und dann den Topf vom Herd nehmen. Vor dem Servieren die Lorbeerblätter entfernen. Mit Kresse, Kerbel oder fein gehackter Petersilie garnieren.

Tipps

Je dicker die Schwarzwurzelscheiben, desto länger die Garzeit. Dazu passen Kartoffeln in jeglicher Form.

Steckrübe

Die Steckrübe ist eine große, der Futterrübe ähnelnde Erdfrucht, die auch Kohlrübe oder Erdkohlrabi genannt wird. Früher galt sie als Arme-Leute-Essen, ist jedoch in den letzten Jahrzehnten fast in Vergessenheit geraten – zu Unrecht, wie wir finden.

Die Steckrübe ist ebenso wie die Mairübe mit dem Kohl verwandt und wegen des hohen Wassergehalts arm an Kalorien. Wie auch die Karotte und die Süßkartoffel enthält die Steckrübe eine große Menge an Carotinen, was unter anderem auch der Grund für ihr orangefarbenes Fruchtfleisch ist. Außen ist die Rübe lila bis gelblich gefärbt.

Steckrüben sind recht anspruchslos und wachsen auf nahezu jedem Boden. Auf tiefgründigen, humosen Böden an einem sonnigen Standort gedeihen sie am besten. Gesät werden sie von Ende Mai bis Ende Juni. Steckrüben haben im Herbst und Winter Saison, in den Monaten Oktober und November werden die meisten Steckrüben geerntet, und man findet sie dann bis Januar aus dem heimischen Anbau im Handel. Am besten sollte man zu kleineren und festen Knollen greifen.

Die schmackhafte Rübe ähnelt gekocht geschmacklich sowohl einer Karotte als auch mit ihrer leichten Kohlnote einem Kohlrabi. Sie lässt sich prima zu Stampf verarbeiten oder als Einlage für Suppen und Eintopfgerichte verwenden. Auch süßsauer eingelegt oder als Zugabe zu Kartoffel-Puffern macht sie – im wahrsten Sinne des Wortes – eine gute Figur.

Häufig ist das unterschätzte und wirklich köstliche Gemüse in den Wintermonaten auf Wochenmärkten und im Biofachmarkt zu finden.

Für 2 Personen | Zubereitungszeit: 15 Minuten + 30 Minuten Garzeit

Steckrüben-Cremesuppe

Eine tolle, leicht bekömmliche und optisch raffinierte Suppe, hergestellt aus einer Handvoll guter Zutaten.

Suppe
500 g Steckrüben
300 g mehligkochende Kartoffeln
1 Zwiebel
2 Knoblauchzehen
2–3 EL Sonnenblumenöl
schwarzer Pfeffer aus der Mühle
1 Prise Kokosblütenzucker
100 ml Schlagsahne
200 ml trockener Weißwein
1 EL Meersalz
Muskatnuss zum Abschmecken

Toppings
½ weißer Rettich
Salz
1 TL Weißweinessig
1 EL Olivenöl
3 EL Kürbiskerne
½ Bund Petersilie

Zubereitung

1) Die Steckrüben, die Kartoffeln, die Zwiebel und den Knoblauch schälen und in Stücke schneiden.
2) In einem Topf das Öl erhitzen und die Zwiebel und den Knoblauch darin anbraten. Dann die Steckrüben, etwas Pfeffer, den Zucker und 500 ml heißes Wasser dazugeben. Jetzt die Kartoffeln beifügen und alles für ca. 20 Minuten weich kochen.
3) Die Sahne dazugeben und alles pürieren. Den Wein hinzufügen und mit Salz und Muskatnuss abschmecken. Nochmals pürieren, bis eine glatte, homogene Masse entsteht. 5 Minuten köcheln lassen.
4) Separat den Rettich schälen und fein schneiden oder zu Spiralen drehen. In Salz, Essig und Olivenöl 5 Minuten marinieren lassen. Die Kürbiskerne in einer beschichteten Pfanne ohne Fett anrösten. Die Petersilie klein hacken.
5) Die Suppe in Schalen füllen und mit dem Rettich, den Kürbiskernen und der gehackten Petersilie verzieren.

Tipps

Je nach gewünschter Sämigkeit könnt ihr die mehligkochenden Kartoffeln durch vorwiegend festkochende ersetzen. Probiert statt Meersalz auch mal Rauch- oder Pilzsalz und statt Rettich Toppings eurer Wahl.

HS

Steckrüben-Erbsen-Püree mit Kräuterseitlingen

Ein Püree als Beilage ist immer eine Freude. Auch Kinder sind hellauf begeistert von einer cremigen Konsistenz mit gutem Geschmack. Also am besten gleich mal ausprobieren, denn das Ergebnis kann sich durchaus sehen lassen.

280 g Steckrübe
180 g mehligkochende Kartoffeln
100 g gefrorene grüne Erbsen
geriebene Muskatnuss
Salz
Pfeffer
200 ml Cashewmilch
1 EL Butter
etwas Zitronenabrieb
1 Zwiebel
1 Knoblauchzehe
2 EL Olivenöl
2 Kräuterseitlinge
6 Champignons
Kresse zum Garnieren

Zubereitung

1) Die Steckrübe und die Kartoffeln schälen, würfeln und in Wasser weich kochen. Die Erbsen in heißem Wasser auftauen lassen.
2) Die Steckrübe und die Kartoffeln abgießen, die Erbsen dazugeben und alles gut zerdrücken. Muskatnuss, Salz, Pfeffer, Cashewmilch und Butter dazugeben und, falls gewünscht, pürieren. Das Püree nochmals durch ein Sieb streichen und mit Zitronenabrieb abschmecken. Das Püree warmhalten.
3) Die Zwiebel und den Knoblauch schälen, fein würfeln und in Öl anbraten. Die Pilze ebenfalls putzen und fein würfeln, wer mag, schneidet einen der Kräuterseitlinge in Scheiben. Die Pilze in die Pfanne zu den Zwiebeln geben und auf mittlerer Hitze braun anbraten.
4) Das Püree auf Tellern verteilen, mit den Pilzen und etwas frischer Kresse garnieren.

Steckrüben-Ravioli

Ravioli mit einer schönen Füllung und einer fruchtigen Tomatensauce: alles in einem Rezept und dazu noch ganz vorzüglich, was den Geschmack anbelangt.

Teig
400 g Mehl (Type 405)
3 Eier
1 EL Olivenöl
1 TL Salz

Füllung
350 g Steckrüben
1 rosa Zwiebel
1 Knoblauchzehe
2 EL Olivenöl
Meersalz
schwarzer Pfeffer
200 ml Gemüsebrühe (Rezept Seite 12)
½ Bund Petersilie
2 EL Semmelbrösel
200 g Ricotta
50 g Parmesan
100 g Gruyère
frisch geriebene Muskatnuss
etwas Zitronenabrieb

Tomatensauce
2 Knoblauchzehen
2 EL Olivenöl
4 EL Tomatenmark
1 Prise Rohrzucker
Pfeffer
Meersalz
1 Msp. Zimt
300 g Cocktail-Tomaten

Zubereitung

1) Für den Teig Mehl, Eier, 45 ml Wasser, Olivenöl und Salz in eine Schüssel geben und mit einer Gabel vermischen. Dann auf einer Arbeitsplatte mit den Händen 10 Minuten zu einem geschmeidigen Teig kneten. In Frischhaltefolie oder ein Bienenwachstuch wickeln und 60 Minuten bei Zimmertemperatur ruhen lassen.
2) In der Zwischenzeit die Füllung zubereiten. Hierfür die Steckrübe schälen und in kleine Würfel schneiden. Die Zwiebel und den Knoblauch schälen, in feine Würfel schneiden und in Öl anbraten. Salzen, pfeffern und die Steckrübe hinzugeben und mit anbraten. Mit der Brühe ablöschen und 20 Minuten köcheln lassen, bis die Flüssigkeit verdampft ist.
3) Die Petersilie klein hacken. Die Steckrübe zerstampfen und lauwarm abkühlen lassen. Dann Semmelbrösel, Ricotta, Parmesan, Gruyère, Muskatnuss, Zitronenabrieb und gehackte Petersilie gut untermischen.
4) Den Nudelteig vierteln und portionsweise auf wenig Mehl sehr dünn ausrollen oder in der Nudelmaschine zu dünnen Platten formen. Jeweils 1 TL Füllung mit Abstand auf die Teigplatten geben. Die Ränder leicht befeuchten und mit einer anderen Teigplatte abdecken. Festdrücken und mit einem Raviolistempel ausstechen oder mit dem Messer ausschneiden. In reichlich kochendem Salzwasser 5 Minuten al dente kochen.
5) Für die Tomatensauce den Knoblauch schälen und zerdrücken. Das Öl in einem Topf erhitzen und den Knoblauch darin sanft anbraten. Das Tomatenmark dazugeben und ebenfalls anbraten. Rohrzucker, Pfeffer, Meersalz und Zimt dazugeben und ca. 300–350 ml heißes Wasser aufgießen. Aufkochen und 5 Minuten köcheln lassen. Nun die halbierten Cocktail-Tomaten dazugeben.
6) Die Ravioli auf Tellern anrichten und mit der Sauce garnieren.

Für 2 Personen | Zubereitungszeit: 15 Minuten + 40 Minuten Garzeit

vegan

Steckrübeneintopf mit Kürbis

Alles Gute aus einem Topf. So oder so ähnlich könnte man das Endergebnis des Garprozesses dieser mannigfaltigen Gemüsesorten neben wärmenden Gewürzen, Salz und Kräutern nennen.

700 g Flaschenkürbis
450 g Steckrüben
3 Knoblauchzehen
2 rote Zwiebeln
6 EL Olivenöl
1 ½ TL Kurkuma
schwarzer Pfeffer aus der Mühle
½ TL Kreuzkümmel
2 Lorbeerblätter
½ TL Paprika edelsüß
1–2 Gewürznelken
400 g Schältomaten (Dose)
1 ½ TL Meersalz
1 EL Pflaumensauce
2 EL Zitronensaft
Abrieb einer ½ Zitrone
etwas Petersilie zum Servieren

Zubereitung

1) Die Flaschenkürbisse gut reinigen, falls gewünscht schälen und in Stücke schneiden. Die Steckrüben, den Knoblauch und die Zwiebeln schälen und ebenfalls in Stücke schneiden.
2) In einem Topf das Öl erhitzen, die Zwiebeln, die Knoblauchzehen sowie die Kurkuma kurz anbraten. Pfeffer, Kreuzkümmel, Lorbeerblätter, Paprikapulver und Nelken dazugeben. Mit den Dosentomaten und 325 ml Wasser aufgießen und zum Kochen bringen. Nun die Steckrüben und das Meersalz hinzugeben. Etwa 10 Minuten köcheln lassen und dann die Kürbiswürfel dazugeben. Weitere 20–30 Minuten auf kleinster Stufe simmern lassen. Zuletzt mit der Pflaumensauce, dem Zitronensaft und dem Zitronenabrieb abschmecken. Nach Bedarf kann der Topf noch etwas auf der abgeschalteten Herdplatte ziehen.
3) Die Lorbeerblätter und die Nelken vor dem Servieren entfernen und mit etwas fein geschnittener Petersilie verzieren.

Tipps

Dazu passen selbst gemachte Fritten oder ein Joghurt-Dip und Fladenbrot als Beilage. Flaschenkürbisse gibt es im indischen Spezialitäten-Handel. Die Lorbeerblätter und die Nelken am besten in ein Gewürzsäckchen füllen. Statt Zitronensaft könnt ihr einen kleinen Chili verwenden, wenn ihr es schärfer mögt.

vegan

Roter Rübeneintopf mit Graupen

Die Farbe Rot verleiht diesem Eintopf sein charakteristisches Aussehen. Wir haben viele Gemüsesorten mit warmen orangenen bis rötlichen Tönen zu einem fantastischen Hauptgang zusammengestellt.

50 g Gerstengraupen
350 g festkochende Kartoffeln
250 g Steckrübe
1 Zwiebel
3 Knoblauchzehen
250 g Kidneybohnen (Dose)
4 EL Olivenöl
Pfeffer
1 EL Tomatenmark
1 Msp. gemahlener Piment
100 ml Rotwein
1 Lorbeerblatt
½ TL getrockneter Thymian
10 g Blattpetersilie
12 g dunkle (vegane) Schokolade
Meersalz

Zubereitung

1) Die Graupen waschen und in einem Topf mit Wasser nach Packungsanleitung garkochen.
2) Die Kartoffeln, die Steckrübe, die Zwiebel und den Knoblauch schälen. Die Kartoffeln und die Steckrübe in Würfeln schneiden. Die Bohnen abtropfen. Die Zwiebel und den Knoblauch in grobe Würfel schneiden und in Olivenöl anbraten. Pfeffer und Tomatenmark dazugeben, gut verrühren und ebenfalls anbraten. Nun 400 ml heißes Wasser, den gemahlenen Piment und die Bohnen dazugeben. Alles aufkochen lassen und dann pürieren.
3) Den Wein, das Lorbeerblatt, den Thymian, die in Würfel geschnittene Rübe und die geschnittenen Kartoffeln hinzufügen. Nun 30 Minuten köcheln lassen, bis das Gemüse gar ist.
4) Die Petersilie fein hacken. Zum Schluss die Schokolade, die vorgekochten Graupen und die Petersilie unterrühren und mit Meersalz abschmecken. Vor dem Servieren das Lorbeerblatt entfernen.

Tipps

Wer es scharf möchte, gibt einen kleinen Chili mit dazu. Die Schokolade sollte mindestens 80 % Kakaoanteil enthalten. Wir haben rote Kartoffeln der Sorte 'Heiderot' verwendet. Ihr könnt statt der Gerste auch Bulgur, also Weizenschrot, verwenden.

Für 2 Personen | Zubereitungszeit: 20 Minuten + 40 Minuten Garzeit

Wirsingrouladen mit Kartoffel-Steckrüben-Füllung

Die Kohlroulade mit feiner Kartoffel-Steckrüben-Füllung ist auf jeden Fall eine vollwertige Mahlzeit und/oder eine köstliche Begleitung zu Hauptgängen unterschiedlichster Art.

Rouladen
9 Blätter vom Wirsing
500 g Kartoffeln
380 g Steckrübe

Füllung
1 Zwiebel
2 Knoblauchzehen
60 g Champignons
2 EL Öl
1 EL Butter
150 ml Milch, alternativ Mandelmilch
⅛ TL frisch geriebene Muskatnuss
Salz
schwarzer Pfeffer aus der Mühle
Zitronenabrieb einer ¼ Zitrone

Sauce
3 EL Albaöl
1 Knoblauchzehe
100 g gehackte Tomaten
200 ml Gemüsebrühe (Rezept Seite 12)

Zubereitung

1) Die Wirsingblätter in kochendem Wasser blanchieren, kalt abschrecken und dann sehr gut abtropfen lassen, ggf. abtupfen.
2) In der Zwischenzeit die Kartoffeln und die Steckrübe schälen und in Würfel schneiden. In einen Topf geben, mit Wasser bedecken, weich kochen und abgießen.
3) Die Zwiebel und den Knoblauch schälen und fein würfeln. Die Pilze ebenfalls fein würfeln. Das Öl in einer Pfanne erhitzen und das Gemüse und die Pilze darin anbraten, bis es Farbe bekommt. Zusammen mit der Butter, der Milch, der Muskatnuss, etwas Salz und Pfeffer sowie dem Zitronenabrieb zu der Kartoffelmischung geben und mit einem Kartoffelstampfer grob zerdrücken. Abschmecken.
4) Die Kartoffel-Steckrüben-Füllung portionsweise auf den Wirsingblättern verteilen. Die Seiten einschlagen, dann aufwickeln und mit einem Holzstäbchen verschließen.
5) Das Albaöl in einem großen Bräter erhitzen. Den Knoblauch schälen und klein hacken. Die Wirsingröllchen anbraten, dann den gehackten Knoblauch und die Tomaten hinzugeben und 2–3 Minuten anbraten, bis leckerer Knoblauchgeruch in die Luft steigt. Mit der Gemüsebrühe ablöschen und bei geschlossenem Deckeln 20–25 Minuten sachte köcheln lassen. Dazu passen zum Beispiel Kartoffeln.

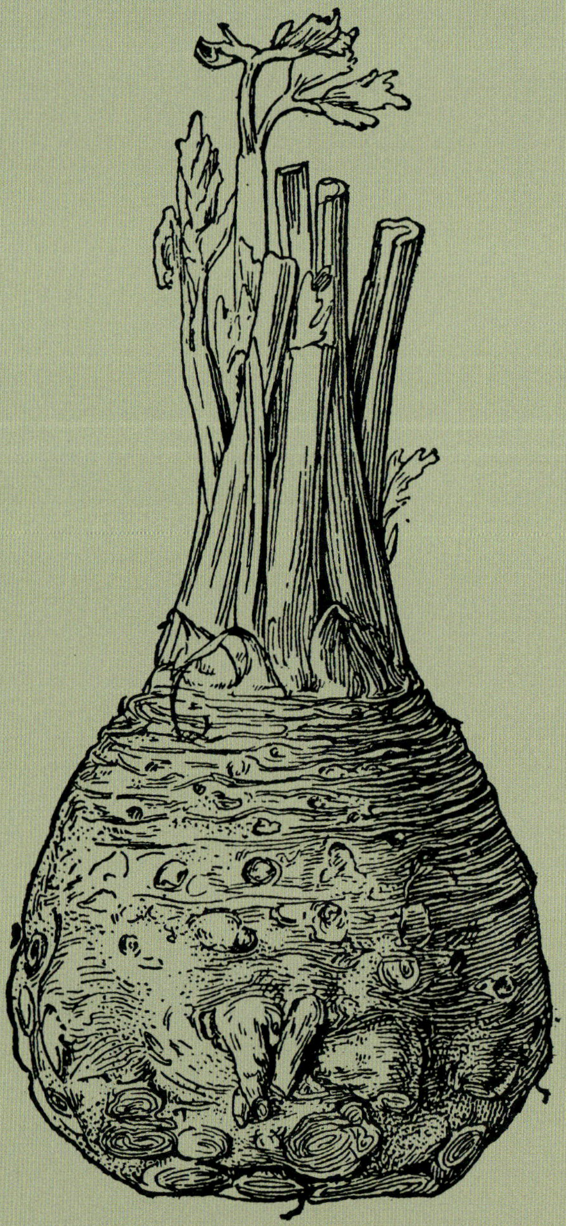

Knollensellerie

Der Knollensellerie ist eine ganz außergewöhnlich aromatische Feldfrucht, die es quasi als Grundzutat in viele unserer Rezepte und Speisen geschafft hat. Sie ist unwahrscheinlich intensiv im Geschmack und die Basis vieler Suppen, Eintöpfe und Saucen.
Oft wird der Sellerie als ein Teil des bekannten Suppengrüns zusammen mit Karotten, Lauch und Petersilie im Handel angeboten oder auch von uns selbst so oder so ähnlich zusammengestellt.
Sellerie enthält viele Vitamine, Mineralien und Spurenelemente, darunter Kalium, Kalzium und Eisen sowie die Antioxidantien Vitamin C und Beta-Carotin.
Den Sellerie kann man ab Mitte März im Haus vorziehen und dann ab Mitte Mai ins Freie Pflanzen. Knollensellerie wächst am besten auf fruchtbaren, feuchten und gut gelockerten Böden mit viel Sonne. Die Erntezeit ist ab Oktober. Dann findet man die Knolle vom frühen Herbst bis in den Winter frisch auf dem Markt.
Der Sellerie sollte schön fest, schwer und eher klein sein sowie keine Risse oder weiche Stellen aufweisen. Sollte das Grün noch dran sein, am besten abscheiden, so hält sich die Knolle länger frisch.
Wir verzehren den Knollensellerie in roher Form gerne als Salat oder als Selleriestücke einfach so zum Abendbrot oder mal zwischendurch. In gegarter Form nutzen wir ihn als Geschmacksgeber für Eintöpfe und Suppen. Aber auch für Aufläufe, Pastasaucen und weitere deftige Gerichte lässt er sich ausgezeichnet verwenden, zum Beispiel als Kartoffel- oder Süßkartoffel-Stampf mit Sellerie oder als frittierte Variante.

vegan

Linsen-Shepherd's-Pie mit Sellerie-Kartoffel-Stampf

Der sogenannte „Schäferkuchen" ist eine deftige und nahrhafte Mahlzeit, die ihren Ursprung auf den Britischen Inseln hat. Die Basis ist ein Kartoffelpüree, welches wir in diesem Rezept mit Linsen und Sellerie aufpoliert haben.

Shepherd's Pie
3 Zwiebeln
150 g Karotten
220 g Petersilienwurzel
5 kleine Champignons
2–3 EL Albaöl
1 EL Thymianblätter
2 Lorbeerblätter
2 EL Tomatenmark
200 g Berglinsen
2 EL Sojasauce
1,2 l Gemüsebrühe
3 EL gefrorene grüne Erbsen
Meersalz
schwarzer Pfeffer

Sellerie-Kartoffel-Stampf
500 g Sellerieknolle
400 g mehligkochende Kartoffeln
3 EL pflanzliche Butter
120 ml Reismilch
Meersalz
schwarzer Pfeffer
frisch geriebene Muskatnuss
Olivenöl zum Besprenkeln

Zubereitung

1) Die Zwiebeln schälen und in dünne Halbmonde schneiden. Die Karotten und Petersilienwurzeln schälen und in kleine Würfel schneiden. Die Pilze ebenfalls würfeln.
2) Das Öl in einem großen Topf erhitzen. Die Zwiebeln 20 Minuten unter häufigem Rühren anbraten, bis sie leicht bräunen und karamellisieren. Dann die Karotten, die Petersilienwurzeln, die Pilze und die Kräuter hinzugeben und 5 Minuten anbraten.
3) Nun das Tomatenmark hinzugeben und unter Rühren anbraten – es sollte eine bräunliche Farbe bekommen und nicht zu dunkel werden. Dann kommen die gewaschenen Linsen und die Sojasauce dazu. Mit der Gemüsebrühe aufgießen und bedeckt 30 Minuten köcheln, bis die Linsen weich sind, aber noch leicht Biss haben.
4) Die Lorbeerblätter entfernen und die Erbsen unterrühren. Das Ganze mit Salz und Pfeffer abschmecken und beiseitestellen.
5) In der Zwischenzeit den Sellerie und die Kartoffeln schälen, in einen Topf geben, mit Wasser bedecken und 20–30 Minuten weich kochen. Übriges Wasser abschütten.
6) Nun Butter, Reismilch, Salz, Pfeffer und Muskatnuss hinzugeben und die Masse mit dem Kartoffelstampfer zerdrücken.
7) Den Backofen auf 200 °C Ober/-Unterhitze vorheizen.
8) Die Linsen in eine ofenfeste Form geben. Nun den Sellerie-Kartoffel-Stampf darübergeben und glattreichen. Mit einigen Spritzern Olivenöl besprenkeln, mit Pfeffer bestreuen und 20–30 Minuten leicht gebräunt backen.
9) Das Gericht aus dem Ofen nehmen und vor dem Servieren 10 Minuten ruhen lassen.

Für 4 Personen | Zubereitungszeit: 10 Minuten

vegan

Sellerie-Apfel-Salat

Simpel und trotzdem ausgewogen und lecker im Geschmack kommt dieser Salat daher. Kräuter, Gemüse und Obst in einer vorzüglichen Kombination. Einfach Klasse.

Salat

700 g Sellerieknolle
1 Apfel (Topaz oder Goldparmäne)
2 Frühlingszwiebeln
½ Bund glatte Petersilie
4 Stiele frischer Dill

Dressing

1 EL Dijon-Senf
1 EL Ahornsirup
1 EL Apfelessig
4 EL Olivenöl
3 EL Schmand
schwarzer Pfeffer aus der Mühle
Meersalz

Zubereitung

1) Den Sellerie schälen und in feine Streifen schneiden oder hobeln, den Apfel entkernen und ebenfalls in feine Streifen schneiden. Die Frühlingszwiebeln gut waschen und in Ringe schneiden. Die Petersilie und den Dill fein hacken. Alles in eine Schüssel geben.
2) Die Dressing-Zutaten sowie 1 EL Wasser gut miteinander verrühren und über den Salat geben.
3) Alles miteinander vermischen und mit Salz abschmecken.

Sellerie-Gemüseauflauf

Etwas ganz Würziges aus dem Backofen dürfen wir nach der Umsetzung dieses erstklassigen Rezeptes genießen. Freut euch darauf, denn es schmeckt ganz toll.

Gemüse
Olivenöl für die Form
½ Brokkoli
½ Sellerieknolle (445 g)
3 mittelgroße Karotten (220 g)

Käsesauce
1 Knoblauchzehe
2 Zeige frisches Bohnenkraut
20 g Butter
20 g Mehl
300 ml Gemüsebrühe (Rezept Seite 12)
200 ml Milch, gerne auch Hafermilch
Salz
schwarzer Pfeffer aus der Mühle
¼ TL frisch geriebene Muskatnuss
½ TL Zitronenabrieb
150 g Cheddar

Topping
90 g Panko

Zubereitung

1) Den Backofen auf 200 °C Ober-/Unterhitze vorheizen. Eine Backform mit etwas Olivenöl ausstreichen.
2) Den Brokkoli in Röschen teilen, den Sellerie und die Karotten schälen. Den Sellerie würfeln und die Karotten in Scheiben schneiden. Das Gemüse in die vorbereitete Auflaufform geben. Beiseitestellen.
3) Den Knoblauch schälen und fein hacken. Das Bohnenkraut ebenfalls fein hacken. Die Butter in einem Topf schmelzen lassen, erst den Knoblauch, dann das Mehl hinzugeben und etwas bräunen lassen, nun die Brühe und die Milch hinzugeben und kräftig rühren, um Klümpchen zu vermeiden. Die Mischung zum Kochen bringen, die Hitze reduzieren und 5 Minuten köcheln lassen. Salz, Pfeffer, Muskatnuss, Zitronenabrieb und Bohnenkraut einrühren. Nun den Cheddar-Käse hinzufügen und rühren, bis alles vollständig in der Sauce geschmolzen ist.
4) Dann die Käsesauce gleichmäßig über das Gemüse gießen. Mit Backpapier abdecken und 30 Minuten backen.
5) Anschließend die Folie entfernen, das Pankomehl darüberstreuen und weitere 20–30 Minuten goldbraun backen.
6) Direkt aus dem Ofen ist der Auflauf etwas flüssig, daher am besten 10 Minuten stehen lassen und dann servieren.

Selleriesuppe mit Estragon

In dieser Suppe darf der Sellerie mal eine tragende Rolle spielen statt wie sonst nur Teil des Suppengrüns zu sein. Eine Fusion guter Zutaten überzeugt mit einem würzig-feinen Ergebnis.

Suppe

450 g Kartoffeln, mehlig- oder vorwiegend festkochend
500 g Sellerieknolle
1 Knoblauchzehe
1 Zwiebel
½ TL Kurkuma
2–3 EL Olivenöl
Pfeffer aus der Mühle
300 ml Milch, gerne auch Hafer- oder Sojamilch
4 Zweige frischer Estragon
½ Bund frischer Dill
1 Lorbeerblatt
200 ml Weißwein
Meersalz
Muskat

Croûtons

2 Brotscheiben deiner Wahl
1 Knoblauchzehe
Öl zum Anbraten

Zubereitung

1) Die Kartoffeln und den Sellerie schälen und in Würfel schneiden. Beide Gemüsesorten in einen Topf geben und in Wasser garkochen. Abgießen.
2) Den Knoblauch und die Zwiebel schälen und fein würfeln. In einem großen Topf zusammen mit ½ TL Kurkuma in 2–3 EL Olivenöl anbraten. Pfeffern. Mit 450 ml Wasser ablöschen. Die Gemüsewürfel und die Milch hinzufügen und aufkochen lassen.
3) In einen Mixer geben und fein pürieren, alternativ einen Stabmixer verwenden. Den Estragon und den Dill fein hacken. Die Suppe zurück in den Topf geben, das Lorbeerblatt, den Weißwein und den Estragon hinzugeben. 5 Minuten köcheln lassen und immer wieder umrühren. Mit Muskat und Salz abschmecken.
4) Für die Croûtons das Brot in kleine Würfel schneiden. Den Knoblauch schälen und klein hacken. Öl in einer Pfanne erhitzen und das Brot mit dem gehacktem Knoblauch darin knusprig braun anbraten.
5) Die Suppe in Schälchen verteilen und mit reichlich Dill und Croûtons servieren.

Für 2 Personen | Zubereitungszeit: 15 Minuten + 60 Minuten Einweichzeit + 90 Minuten Garzeit

vegan

Pilz-Bourguignon mit Sellerie-Kartoffelpüree

Herbstliche, leckere Pilze in einer Rotweinsauce bieten einen sensationellen Genuss in Verbindung mit einem herzhaften Püree aus Kartoffeln und Sellerie. Unsere uneingeschränkte Empfehlung lautet daher: unbedingt probieren.

Pilz-Bourguignon
9 g getrocknete Steinpilze
1 große Zwiebel
2–3 EL Öl zum Anbraten
350 g frische Champignons
1 Karotte
1 Petersilienwurzel
150 g Knollensellerie
1 Knoblauchzehe
1 Zweig Rosmarin
1 Zweig Thymian
2 EL Tomatenmark
1 EL Sojasauce
400 ml Gemüsebrühe (Rezept Seite 12)
200 ml Rotwein
2 Lorbeerblätter
1 Msp. gemahlener Piment
Rauchsalz
1 TL Maisstärke

Sellerie-Kartoffelpüree
440 g Sellerie
480 g mehligkochende Kartoffeln
2 EL Albaöl oder 1 EL Butter (dann ist das Rezept nicht vegan)
Salz
1 große Prise Muskatnuss

Zubereitung

1) Die Steinpilze 1 Stunde in kaltem Wasser einweichen.
2) Die Zwiebel schälen, halbieren und dünn in Halbmonde schneiden. In einem großen Topf das Öl erhitzen und die Zwiebeln 20 Minuten bei mittlerer Hitze anbraten.
3) In der Zwischenzeit die Champignons putzen und in Würfel schneiden. Die Karotte, die Petersilienwurzel, den Sellerie und den Knoblauch schälen und in kleine Würfel schneiden. Die Rosmarinnadeln und den Thymian fein hacken. Die Champignons in den Topf geben und 10 Minuten anbraten, dann das Gemüse, den Knoblauch und die Kräuter in den Topf geben und 5 Minuten anbraten.
4) Nun das Tomatenmark unterrühren und 5 Minuten anrösten. Mit der Sojasauce, der Brühe und dem Wein ablöschen und aufkochen lassen, dann die Hitze reduzieren.
5) Die Steinpilze abgießen und dabei 50 ml Flüssigkeit auffangen. Die Lorbeerblätter, das Piment, etwas Rauchsalz und die Steinpilze hineingeben. Die Pilzflüssigkeit durch ein feines Sieb ebenfalls in den Topf geben. Den Deckel schließen und bei mittlerer Hitze 1 Stunde sachte köcheln lassen.
6) Am Ende der Kochzeit die Speisestärke mit 2 EL kaltem Wasser verrühren und unter das Ragout rühren. Unter Rühren 1 Minute köcheln lassen.
7) Für das Sellerie-Kartoffelpüree den Sellerie und die Kartoffeln schälen und in Würfel schneiden. In einen Topf geben, mit Wasser bedecken und weich kochen. Dann das überschüssige Wasser abgießen. Öl oder Butter, Salz und Muskatnuss dazugeben und nun das Gemüse fein zerstampfen.
8) Den Pilz-Bourguignon mit Püree und gehackter Petersilie anrichten.

Für 4 Personen | Zubereitungszeit: 15 Minuten + 30 Minuten Garzeit

Wirsing-Sellerie-Paprikasuppe

Eine leckere und geschmacksintensive Suppe aus gutem Gemüse. Einmal vorgekocht, lässt sie sich gut wieder aufwärmen und mehrmals genießen.

3 Schalotten
½ Sellerieknolle
2 Karotten
1 rote Paprika
5 Blätter Wirsing ohne Strunk
3 EL Rapsöl
2 Lorbeerblätter
½ TL Kümmel
8 Wacholderbeeren
schwarzer Pfeffer
1 TL Meersalz
100 ml trockener Weißwein
1 Prise Zucker
frische Petersilie
frisches Bohnenkraut
200 ml Schlagsahne
Zitronenabrieb

Zubereitung

1) Die Schalotten, den Sellerie und die Karotten schälen. Die Schalotten fein hacken, den Sellerie würfeln und die Karotten in Scheiben schneiden. Die Paprika waschen, putzen und würfeln.
2) Den Wirsing von der Hauptblattader befreien, in feine Rechtecke schneiden und in heißem Wasser blanchieren. Das Wasser abgießen.
3) In einem Topf das Öl erhitzen und die Schalotten, den Sellerie, die Karotten sowie die Lorbeerblätter, den Kümmel und die Wacholderbeeren dazugeben und kurz anrösten. Pfeffer und Salz hinzufügen und das Ganze mit dem Weißwein ablöschen. Nun den Zucker und 350 ml heißes Wasser dazugeben. Die Petersilie und das Bohnenkraut fein hacken.
4) Kurz aufkochen und die Schlagsahne, die Petersilie, das Bohnenkraut und die Paprikawürfel dazugeben. Auf kleiner Flamme etwas köcheln lassen, bis die Gemüsesorten die gewünschte Konsistenz erreicht haben. Zuletzt den blanchierten und abgetropften Wirsing dazugeben und mit Zitronenabrieb abschmecken.

Tipps

Aufgewärmt schmeckt die Suppe nochmal besser. Dazu passt italienisches Weißbrot mit einer Spur Knoblauch. Beachtet immer die unterschiedlichen Garzeiten der Gemüse.

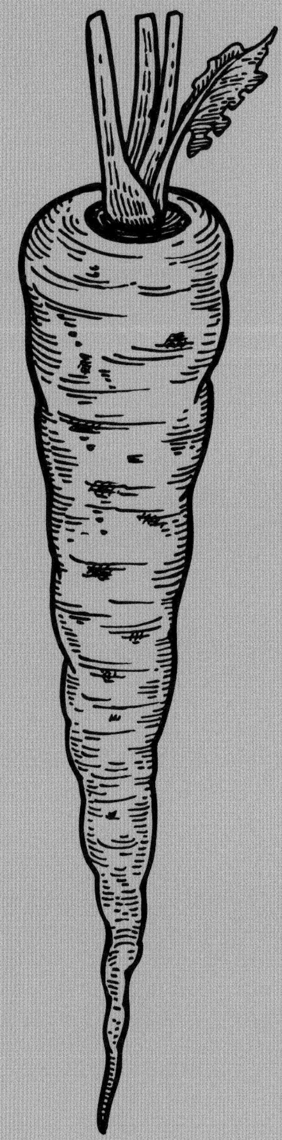

Petersilienwurzel

Ebenso wie die Pastinake gehört die Petersilienwurzel zu den Doldenblütlern. Sie ist weiß und etwas kleiner in der Wuchsform als die Pastinake, dafür aber intensiver im Geschmack und eben auch geschmacklich näher an der Petersilie als ihre große Schwester.
Die Petersilienwurzel eignet sich für den Anbau im Freiland. Sie wächst gerne an warmen, sonnigen Standorten und auf humusreicher, aber nicht zu feuchter Erde. Von März bis April wird ausgesät und ab Oktober bis Ende Februar kann man sie ernten. Am besten das Grün abschneiden und ungewaschen lagern – so halten sich die Wurzeln länger.
Sie passen in Suppen und Eintöpfe und geben ein intensives Aroma ab. Man kann daraus sehr gut Cremesuppen zubereiten oder sie als Ofengemüse nebst Karotten, Zwiebeln und vielem mehr garen.
Die Petersilienwurzel kann auch roh verzehrt werden. Hier eignen sich insbesondere die gehobelte oder geraspelte Form für Salate, Saucen oder Dressings.
Insgesamt hat die Wurzel einen recht starken Eigengeschmack und viele von euch werden sie daher auch nur in kleinen Dosen und als Würzmittel verwenden. Dennoch kann sie einige Rezepte durch ihre Würzkraft und ihr intensives Aroma bereichern und ist deshalb auf jeden Fall ein „Versucherle“ (schwäbisch für „kleiner Versuch“) wert.

Für 2 Personen | Zubereitungszeit: 10 Minuten + 35 Minuten Garzeit

Graupenrisotto mit Petersilienwurzeln

Eine sehr feine und wohlschmeckende Weise, Gerstengraupen zu verarbeiten, stellen wir euch in diesem „Risotto"-Rezept vor. Statt des sonst verwendeten Reises spielt hier die Gerste die erste Geige.

1 Schalotte
1 Knoblauchzehe
130 g Petersilienwurzeln
1 Zweig Rosmarin
2 EL Olivenöl
80 ml trockener Weißwein
700–800 ml warme Gemüsebrühe (Rezept Seite 12)
160 g Gerstengraupen
70 g Parmesan
1 EL Butter
schwarzer Pfeffer aus der Mühle
geröstete Mandelblättchen und Kürbiskerne zum Servieren (optional)

Zubereitung

1) Die Schalotte, den Knoblauch und die Petersilienwurzel schälen und fein hacken. Die Rosmarinnadeln fein hacken
2) Das Öl in einem Topf erhitzen und das klein geschnittene Gemüse und den Rosmarin hinzugeben, alles zusammen 5 Minuten anbraten. Dann mit Weißwein ablöschen und diesen verkochen lassen. Die Graupen hinzufügen. Nun die warme Gemüsebrühe peu à peu hinzugeben und immer wieder rühren.
3) Wenn die Graupen al dente sind, den geriebenen Parmesan und die Butter unterrühren. Mit Pfeffer würzen und abschmecken. Auf Tellern anrichten und mit gerösteten Mandelblättchen und Kürbiskernen servieren.

Für 4 Personen | Zubereitungszeit: 30 Minuten + 25 Minuten Backzeit

Petersilienwurzel-Strudel mit Grünkohl und Kartoffeln

Ein vorzüglicher Strudel mit einer schmackhaften Kohl- und Kartoffelfüllung. Ein feines Gewürz- und Kräuteraroma macht den Strudel zu einer leckeren Hauptmahlzeit aus dem Ofen.

Strudel
300 g Petersilienwurzeln
200 g vorwiegend festkochende Kartoffeln
1 Zwiebel
1 Knoblauchzehe
2 EL Alba- oder Sonnenblumenöl
1 TL Kurkuma
1 EL Sesam + mehr zum Bestreuen
150 g Grünkohl
Salz
Pfeffer
1 Blätterteigrolle (275 g)
1 Ei
Mandelblättchen zum Bestreuen

Sauce
150 g Sojajoghurt natur
2 EL Crème fraîche
1 EL getrockneter Dill
Salz
Pfeffer
1 Prise Kreuzkümmel
1 TL Olivenöl
½ Bund frischer Dill
etwas glatte Petersilie

Zubereitung

1) Die Petersilienwurzeln und die Kartoffeln schälen, dann in ca. 1 cm große Würfel schneiden. In kochendem Wasser 8–10 Minuten garen. Zwischendurch prüfen, ob das Gemüse schon weich ist. Dann abgießen und beiseitestellen.
2) Die Zwiebel und den Knoblauch schälen, fein hacken und in einer großen Pfanne im Öl glasig andünsten. Dann Kurkuma und Sesam dazugeben und kurz mitrösten.
3) Den Grünkohl waschen, von den Stielen zupfen und fein hacken. Zu den Zwiebeln geben und 5 Minuten auf mittlerer Hitze anbraten.
4) Das Wurzelgemüse unter den Grünkohl mischen, mit Salz und Pfeffer abschmecken und handwarm abkühlen lassen.
5) Den Backofen auf 200 °C Ober/-Unterhitze vorheizen.
6) Die Blätterteigrolle entrollen und die Ränder mit Wasser bestreichen. Die Füllung auf den Teig geben und dabei einen 2–3 cm breiten Rand lassen. Die Ränder einklappen und von der länglichen Seite fest aufrollen. Mit der Naht nach unten auf ein mit Backpapier belegtes Blech legen. Mit verquirltem Ei bestreichen und mit Sesam und Mandelblättchen bestreuen. Auf der zweiten Stufe von unten 25 Minuten goldbraun backen.
7) In der Zwischenzeit den Joghurt, die Crème fraîche, den getrockneten Dill, etwas Salz und Pfeffer, den Kreuzkümmel und das Olivenöl gut vermischen. Die frischen Kräuter hacken und unter die Sauce mischen.

Für 4 Personen | Zubereitungszeit: 10 Minuten + 35 Minuten Garzeit

Minestrone mit Petersilienwurzeln und Steckrübe

Ein Klassiker unter den Suppen! So lässt diese Minestrone nicht nur Fans der italienischen Küche aufhorchen, sondern auch all diejenigen, die würzige Gemüsesorten und Nudeln lieben.

1 rote Zwiebel
2 Knoblauchzehen
160 g Petersilienwurzeln
140 g Steckrüben
125 g Karotten
120 g Lauch
3 EL Olivenöl
2 Lorbeerblätter
950 ml Gemüsebrühe (Rezept Seite 12)
100 g kleine Suppennudeln
200 g gekochte weiße Bohnen (Dose)
180 g Cherrytomaten
frische Basilikumblätter
Salz
Pfeffer
30 g Parmesan

Zubereitung

1) Die Zwiebel und den Knoblauch schälen und fein hacken. Die Petersilienwurzel, die Steckrübe und die Karotten schälen und in Würfel bzw. Scheiben schneiden. Den Lauch gut waschen, der Länge nach halbieren und in feine Streifen schneiden.
2) Das Öl in einem großen Topf erhitzen und die Zwiebeln und den Knoblauch glasig dünsten, dann das Gemüse und die Lorbeerblätter hinzugeben und 5 Minuten mit anbraten. Mit der Gemüsebrühe ablöschen und aufkochen lassen. Dann die Nudeln hineingeben, umrühren und 20 Minuten sachte köcheln lassen.
3) Nach 10 Minuten die Bohnen in den Topf geben. Zum Schluss die Tomaten vierteln und mit in den Topf geben. Das Basilikum klein hacken. Mit Salz, Pfeffer, Basilikum und etwas Parmesan würzen. Auf Teller verteilen und mit dem restlichen geriebenen Parmesan servieren.

Petersilienwurzelkuchen mit Birne

Es mag auf den ersten Blick verwundern, doch in diesem süßen Kuchenrezept verwenden wir tatsächlich Petersilienwurzeln. Wer jetzt denkt, das sei frevelhaft, sollte den Kuchen probieren, um dann festzustellen, dass er ausgezeichnet zu einer Tasse guten Kaffees passt.

225 g Petersilienwurzeln
1 mittelgroße Birne
1 EL Zitronensaft
130 g Butter
100 g Zucker
1 TL Zimt
½ TL gemahlener Kardamom
1 Prise gemahlener Anis
1 Prise frisch geriebene Muskatnuss
1 Prise gemahlene Nelken
Abrieb einer Bio-Zitrone
3 Eier
250 g Mehl
50 g gemahlene Mandeln
1 ½ TL Backpulver
1 Prise Salz
Puderzucker zum Bestäuben

Zubereitung

1) Den Backofen auf 200 °C Ober/-Unterhitze vorheizen. Eine eckige Form mit Backpapier auslegen.
2) Die Petersilienwurzeln schälen und grob raspeln. Die Birne waschen, entkernen, ebenfalls grob raspeln und mit 1 EL Zitronensaft mischen.
3) Die Butter und den Zucker 5 Minuten schaumig schlagen. Den Zimt, den Kardamom, den Anis, die Muskatnuss, die Nelke und den Zitronenabrieb hinzufügen. Die Eier einzeln hinzugeben und cremig schlagen.
4) Das Mehl, die Mandeln, das Backpulver und das Salz mischen und zur Buttermischung geben, dann die Petersilienwurzeln und die Birne kurz unterrühren. Den Teig in die Backform geben, glatt streichen und im Ofen 50–60 Minuten backen.
5) 10 Minuten in der Form abkühlen lassen und dann auf einem Gitter komplett erkalten lassen.
6) Vor dem Servieren mit Puderzucker bestäuben und genießen.

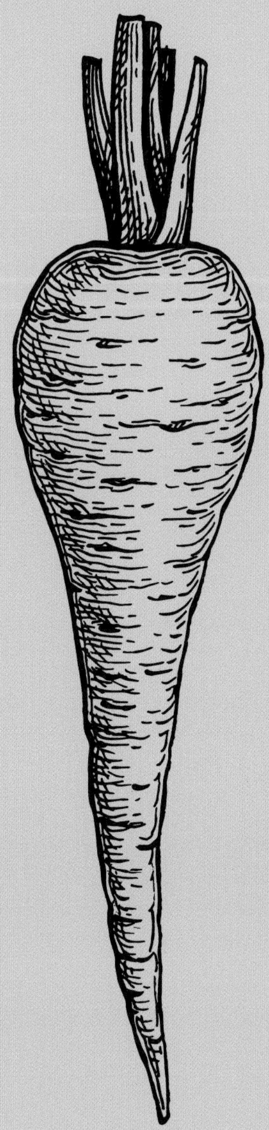

Pastinake

Die Pastinake ähnelt in ihrer äußerlichen Erscheinung einer Rübe, einem kleinen Rettich oder auch einer großen Karotte. Doch anders als diese geht sie in ihrer Farbe mehr ins Goldene oder Beige.
Die Stielansätze sind optisch leicht innerhalb des Pastinakenkopfes versenkt, sodass man sie im Handel oft an einer Art Krempe im Kopfbereich von ihrer nahen Verwandten, der Petersilienwurzel, gut unterscheiden kann. Geschmacklich ist sie im Rohzustand zugleich süßlich, etwas herb bis bitter, an Petersilie, Sellerie, Karotte und Anis erinnernd.
Pastinaken mögen einen sonnigen bis halbschattigen Platz und gedeihen auf tiefgründigen und lockeren, lehmigen Sandböden. Sie bilden dicke und lange Wurzeln, die ab September bis Oktober geerntet werden können.
Pastinaken sind reich an Mineralstoffen, Vitaminen und ätherischen Ölen. Sie schmecken in Suppen, als Püree, Röstgemüse, als Beilage oder in Aufläufen. Man kann sie auch roh verzehren.
Die Pastinake war, bevor die Kartoffel in Europa Einzug hielt, in vielen Ländern ein Grundnahrungsmittel und ist auch heute noch vor allem im nördlichen Europa ein beliebter Bestandteil der Beilagenküche.
Sie lässt sich leicht verarbeiten und bereichert unsere vorweihnachtliche Küche mit ihren tollen Eigenschaften und ihrem außergewöhnlich guten Geschmack. Durch den Garvorgang erhält sie ein leicht nussiges, süßes, feines und zugleich schön würziges Aroma.

Gefüllte Paprika mit Pastinaken-Karotten-Püree

Durch Kräuter, gutes Öl und weitere Aromen bekommt diese Paprikavariation eine wunderbare Geschmackstiefe.

Tomatensauce
3 Knoblauchzehen
2 kleine rote Zwiebeln
6 EL Olivenöl
schwarzer Pfeffer aus der Mühle
¼ TL gemahlener Piment
ca. 5 g frischer Thymian
½ TL grobes Rauchsalz
400 g Schältomaten aus der Dose
100 ml trockener Rotwein
1 Prise Rohrzucker
Zitronenabrieb

Gefüllte Paprika
6–8 gleichmäßig geformte Spitzpaprika
300 g vorwiegend festkochende Kartoffeln
250 g Karotten
200 g Pastinaken
7–10 g glatte Petersilie
150 g getrocknete grüne Oliven
1–2 Schalotten
1 EL Zitronensaft
Meersalz
weißer Pfeffer
etwas Abrieb einer Muskatnuss
100 g Ziegenfrischkäse

Zubereitung

1) Für die Tomatensauce den Knoblauch schälen und klein hacken, die Zwiebeln schälen und in Halbringe schneiden. In einem Topf das Öl erhitzen und den Knoblauch und die Zwiebeln darin anbraten. Dann mit etwas Pfeffer, dem Piment, den frischen Thymianblättchen und dem Rauchsalz würzen. Nun die Tomaten dazugeben und leicht zerdrücken. Alles etwa 20–30 Minuten köcheln lassen. Den Rotwein dazugeben und weitere 10 Minuten köcheln lassen. Dann den Herd ausschalten und die Sauce mit Rohrzucker und Zitronenabrieb verfeinern.
2) Die Paprika waschen und den Stielansatz inklusive der Kerne und Scheidewände gleichmäßig entfernen. Die Paprika sollten die gewählte Backform vollständig ausfüllen.
3) Für die Füllung die Kartoffeln, die Karotten und die Pastinaken schälen und in kleine Stücke schneiden. Wasser in einem Topf zum Kochen bringen und das Gemüse darin garkochen. Abgießen, Gemüse zerstampfen und abkühlen lassen.
4) Die Petersilie waschen und fein schneiden. Die Oliven fein schneiden, die Schalotten schälen und klein hacken und alles mit dem Zitronensaft, dem Meersalz, etwas Pfeffer und Muskatnuss sowie dem Ziegenfrischkäse verrühren. Dann die abgekühlte Wurzelgemüsemasse unterheben und nochmals abschmecken.
5) Die vorbereiteten Paprikaschoten mit der Käse-Gemüse-Masse bis etwa 1 Fingerbreit über der Abschnittkante füllen. Dann die Tomatensauce in die Backform gießen und die die gefüllten Paprikaschoten hineinstellen. Das Ganze in den auf 190 °C Ober-/Unter-

hitze vorgeheizten Backofen geben und je nach Größe der Paprikaschoten für ca. 45–55 Minuten backen. Danach die Backform vorsichtig herausnehmen und alles vor dem Servieren etwas abkühlen lassen.

Tipps

Die Kerne der Paprika könnt ihr mit einem Löffel entfernen. Die Gewürze solltet ihr immer frisch und zeitnah verarbeiten. Wer mag, kann 10 Minuten vor Backende noch etwas Hartkäse darüberstreuen.

Für 2 Personen | Zubereitungszeit: 5 Minuten + 15 MInuten Garzeit

vegan

Pastinaken-Chips mit Koriander

Ganz schnell und easy selbst zubereitet und eine tolle Alternative zu handelsüblichen Kartoffelchips. Pastinaken sind ein leckeres und sehr herzhaftes Gemüse, das sich hervorragend zur Herstellung von Chips eignet.

320 g Pastinaken
500 ml Sonnenblumenöl
½ TL Koriandersamen
Meersalz
grober schwarzer Pfeffer

Zubereitung

1) Die Pastinaken schälen und dünn hobeln.
2) Das Sonnenblumenöl in einen kleinen, aber hohen Topf geben. Wenn ihr einen größeren Topf verwendet, benötigt ihr evtl. mehr Öl. Nun das Öl erhitzen und die Pastinaken portionsweise frittieren und auf einem Küchenkrepp abtropfen lassen.
3) Den Koriander mit dem Meersalz grob zerstoßen und über die Pastinaken-Chips geben. Pfeffern und servieren.

Für 3 Personen | Zubereitungszeit: 10 Minuten + 35 Minuten Garzeit

Pastinaken-Cremesuppe

Pastinaken eignen sich für vielerlei, unter anderem für diese feine Cremesuppe. Sie sind ein tolles Gemüse, das auf Wochenmärkten und im gut sortierten Handel zu bekommen ist.

500 g Pastinaken
2 weiße Zwiebeln
2 EL Sonnenblumenöl
1 Msp. geröstete und gemahlene Anissamen
1 Msp. gemahlene Koriandersaat
350 ml Gemüsebrühe (Rezept Seite 12)
400 ml Schlagsahne
2 Lorbeerblätter
3 Wacholderbeeren
Meersalz
1 Prise Zucker
Pfeffer
etwas Zitronenabrieb
100 ml trockener Weißwein
15 g frischer Meerrettich
etwas Zitronensaft
1–2 Brezeln
frischer Schnittlauch

Zubereitung

1) Die Pastinaken und die Zwiebeln schälen und in kleine Stücke schneiden.
2) In einem Topf das Öl erhitzen und die Zwiebeln darin anbraten. Die Anissamen und die Koriandersamen dazugeben. Dann mit der Gemüsebrühe und der Sahne ablöschen und die Pastinakenstücke hinzufügen. Nun die Lorbeerblätter und die Wacholderbeeren in einem Gewürzsäckchen mit dazugeben. Etwa 15 Minuten köcheln lassen und mit Salz, Zucker, Pfeffer und Zitronenabrieb abschmecken. Den Weißwein zugeben und für ca. weitere 15 Minuten köcheln lassen. Das Gewürzsäckchen entnehmen und den Inhalt des Topfes fein pürieren.
3) Dann den Meerrettich schälen, reiben und unterrühren. Alles vom Herd nehmen und, falls gewünscht, mit etwas Zitronensaft würzen.
4) Die Brezeln in Stücke brechen/schneiden und mit etwas Fett in einer beschichteten Pfanne sachte anrösten. Den Schnittlauch waschen und in kleine, feine Röllchen schneiden. Mit Brezelstücken und Schnittlauch als Topping servieren.

Tipps

Gemüsereste könnt ihr für selbst gemachte Gemüsebrühe verwenden. Der Säuregehalt kann über den Wein oder die Zugabe von Zitronensaft gesteuert werden. Die Konsistenz kann man über die Zugabe von Flüssigkeiten regulieren.

Pastinaken mit Dijon-Aioli

Die Superwurzel wird diesmal aus dem Backrohr serviert und von einem sämigen und aromatischen Dip exzellent begleitet.

Pastinaken

500 g Pastinaken
½ TL Paprika edelsüß
¼ TL Kurkuma
½ TL Chiliflocken
¼ TL schwarzer Sesam
1 TL Ahornsirup
3 EL Olivenöl

Dijon-Aioli

150 g saure Sahne
1 EL Schmand
1 TL Dijon-Senf
1 EL körniger Senf (Maille à l'Ancienne)
Pfeffer
1 Prise Zucker
¼ zerdrückte Knoblauchzehe
Salz zum Abschmecken

Außerdem

Petersilie zum Servieren

Zubereitung

1) Den Backofen auf 220 °C Ober-/Unterhitze vorheizen.
2) Die Pastinaken schälen und längs vierteln, je nach Dicke nochmals halbieren. Paprika, Kurkuma, Chili, Sesam, Ahornsirup und Öl vermischen. Die Pastinaken mit der Marinade einreiben und auf einem Backblech ausbreiten. 35 Minuten knusprig goldbraun braten.
3) In der Zwischenzeit die Zutaten für die Aioli vermischen und die Petersilie hacken.
4) Die fertigen Pastinaken mit der Petersilie bestreuen und mit der Dijon-Aioli servieren.

Blumenkohl-Pastinaken-Cremesuppe

Eine leckere, gehaltvolle und kräftigende Suppe gerade für die kälteren Herbst- und Wintermonate. Sie ist einfach zuzubereiten, sehr wärmend und appetitlich, gerade mit den rösch angebratenen Croûtons.

Suppe
800 g Blumenkohl
1 weiße Zwiebel
1 Knoblauchzehe
320 g mehligkochende Kartoffeln
150 g Pastinaken
4 EL Rapsöl
schwarzer Pfeffer
8 Wacholderbeeren
300 ml trockener Weißwein
100 ml Schlagsahne
1 TL Meersalz/Rauchsalz
1 Prise Muskatnuss

Croûtons
italienisches Weißbrot
2 EL Olivenöl
frischer Rosmarin
1 Apfel

Zubereitung

1) Den Blumenkohl waschen und putzen. Die Zwiebel und den Knoblauch schälen und klein schneiden. Die Kartoffeln und die Pastinaken schälen. Die Pastinaken, die Kartoffeln und den Blumenkohl jeweils separat in Wasser weich kochen.
2) In einem Topf das Öl erhitzen und die Zwiebel und den Knoblauch darin anbraten. Mit Pfeffer und Wacholderbeeren würzen. Dann die abgegossenen Gemüsesorten und ½ l heißes Wasser dazugeben. Den Wein ergänzen und das Ganze kurz aufkochen lassen.
3) Vom Herd nehmen. Die Wacholderbeeren herausnehmen und alles pürieren. Dann die Schlagsahne einrühren und mit Salz und Muskatnuss abschmecken.
4) Für die Croûtons das Brot in Würfel schneiden. Etwas Olivenöl in einer beschichteten Pfanne erhitzen und das Brot darin anrösten. Die Rosmarinnadeln ablösen, säubern, klein hacken und etwa 2–3 Minuten mit anbraten. Den Apfel waschen, ggf. schälen, entkernen und fein stifteln.
5) Die Suppe in Schälchen verteilen und mit Croûtons und Apfelstiften garnieren.

Tipps

Ihr könnt auch einige gegarte Blumenkohlröschen aufbewahren und zum Servieren in die Suppe bröseln. Die Wacholderbeeren könnt ihr auch in ein Gewürzsäckchen geben und erst später zur Flüssigkeit geben. Vegan wird das Rezept, wenn ihr die Sahne durch Mandelmilch ersetzt.

Für 2 Personen | Zubereitungszeit: 10 Minuten + 25 Minuten Garzeit

vegan

Pastinaken-Kürbis-Eintopf mit Grünkohl

Ein leckeres, einfaches und gesundes Eintopfgericht. Viele bunte Farben und Zutaten machen es zu einer idealen veganen Hauptspeise.

1 Zwiebel
230 g Pastinaken
330 g Butternutkürbis
150 g mehligkochende Kartoffeln
115 g Sellerieknolle
2 Karotten
2 EL Albaöl
2 Lorbeerblätter
900 ml Gemüsebrühe (Rezept Seite 12)
schwarzer Pfeffer aus der Mühle
1 Handvoll Grünkohl
Meersalz

Zubereitung

1) Die Zwiebel schälen und fein würfeln. Die Pastinaken, den Kürbis, die Kartoffeln, den Sellerie und die Karotten schälen und in kleine Würfel schneiden.
2) Das Öl in einem Topf erhitzen und die Zwiebeln darin glasig anschwitzen. Das Gemüse und die Lorbeerblätter dazugeben und kurz mit anschwitzen. Die Gemüsebrühe dazugießen, pfeffern und aufkochen lassen. Bei geschlossenem Deckel 20 Minuten köcheln lassen, bis das Gemüse weich ist.
3) Mit einem Kartoffelstampfen zwei- bis dreimal durch die Suppe geben. Die Lorbeerblätter entfernen, den Grünkohl waschen, klein hacken und in die Suppe geben. Mit Salz und Pfeffer abschmecken.
4) Den Eintopf auf Tellern verteilen und servieren.

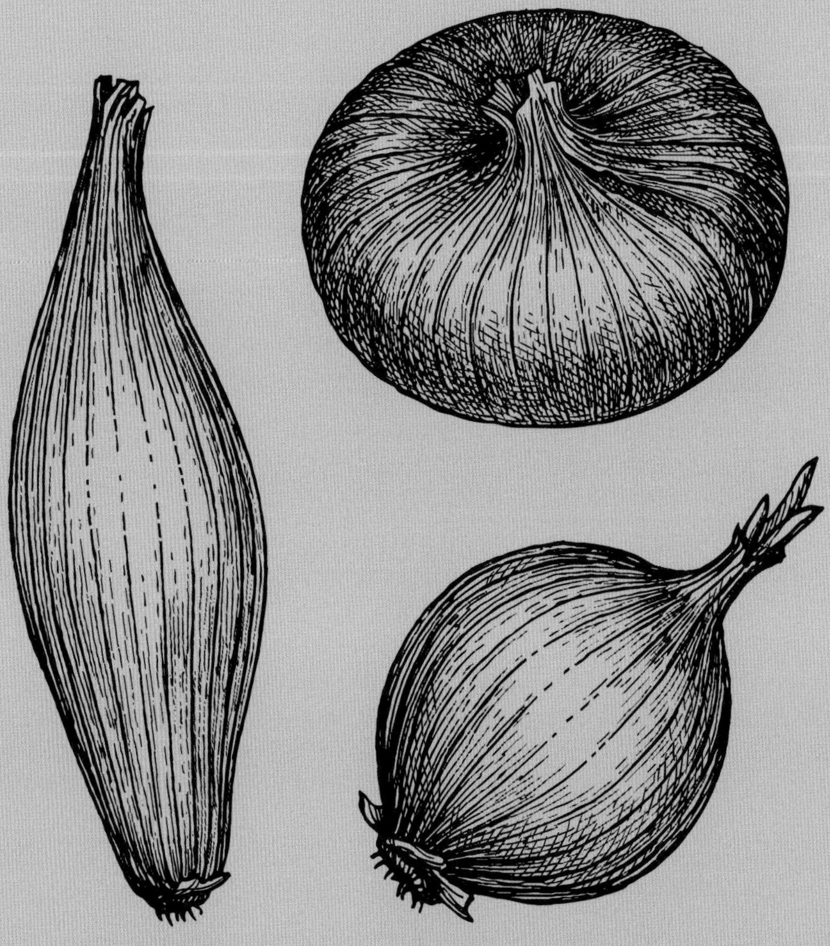

Zwiebel

Die Zwiebel ist ein exzellentes Würzmittel, ein Geschmacksgeber oder eine Saucengrundlage mit teils konservierenden und sogar leicht antiseptischen Eigenschaften. Sie ist in vielen Kulturen eine beliebte Speisezutat.
Hierzulande kennt man sie vor allem als Röstzwiebel, als Zutat für den Zwiebelkuchen, als Grundlage für Suppen, Saucen und als gefüllte Gemüsezwiebel aus dem Backofen. In Süditalien wird sogar eine vorzügliche Marmelade aus einer speziellen roten Sorte gekocht. Andernorts benutzt man den Saft zum Marinieren oder man verwendet die Schalen zum Färben von Fasern, Wolle und Stoffen. Es gibt Zwiebeln in hellbraunen Tönen, mit roter und violetter Schale und als weiße Variante.
Jeder dieser Farbvarianten hat nochmals unterschiedliche Formen, Größen, Schärfegrade und Konsistenzen. Eng verwandt mit der Küchenzwiebel ist die Schalotte, auch Edelzwiebel genannt, die ein feineres Aroma als jene besitzt, sich aber nicht so gut zum Anbraten eignet, da sie dann bitter wird.
Alle Zwiebeln wachsen am besten an vollsonnigen, warmen Plätzen auf einem lockeren, humusreichen und gleichmäßig feuchten Boden. Häufig werden im April Steckzwiebeln gesetzt. Für eine größere Auswahl an Sorten empfiehlt es sich, Zwiebelsamen zu kaufen und auszusäen. Hierfür eignet sich laut einer alten Bauernregel der 24. März: „Will man Zwiebeln dick, sät man sie an Benedikt". Erntereif sind die Zwiebeln je nach Aussaat von Januar bis März und von Juli bis Dezember.
Zwiebeln enthalten viele Mineralien und Vitamine, darunter beispielsweise Kalium, Vitamin C und B-Vitamine. Die Zwiebel hat eine antibakterielle sowie antivirale Wirkung. Außerdem stecken in dem Lauchgemüse Antioxidantien, die sehr förderlich für unsere Gesundheit sind und sogar vor Krebserkrankungen schützen können.
Vor allem aber macht einfach Spaß, einmal die unterschiedlichen Zwiebeln genauer unter die Lupe zu nehmen. Gerade in der kalten Jahreszeit gibt es viele Sorten zu kaufen. Sie lassen sich im Keller oder an einem kühlen Ort gut lagern. Frisch geerntet sind ihr Aroma und ihr Geschmack jedoch am besten.
Es ist schon richtig, dass die Zwiebel beim Schneiden die ein oder andere Träne hervorlocken kann. Dies liegt an den schwefelhaltigen Inhaltsstoffen, die beim Schneiden frei werden und unsere Schleimhäute reizen. Dennoch denken wir, dass sie jede verlorene Träne Wert ist. Denn ohne sie würde den meisten Gerichten etwas fehlen. Die vielseitige Knolle ist aus den Küche nicht mehr wegzudenken und verleiht den Speisen ein intensives und würziges Aroma.

Für ein Glas à 500 ml | *Zubereitungszeit: 10 Minuten*

vegan

In Essig eingelegte rote Zwiebeln

Diese feine Köstlichkeit kann man leicht selbst zubereiten. Sie passt ausgezeichnet zu Hauptgerichten, aber auch zu Salaten oder zu einer guten Käseauswahl.

500 g kleine rote Zwiebeln
Meersalz
12 g Ingwer
1 Knoblauchzehe
1 Zimtstange
milder Weißweinessig zum Auffüllen

Zubereitung

1) Die Zwiebeln schälen und je nach Größe vierteln oder halbieren.
2) Salzwasser zum Kochen bringen und die Zwiebeln 1 Minute hineingeben. Abtropfen lassen und auf ein Küchentuch geben.
3) Den Ingwer schälen und in Scheiben schneiden. Den Knoblauch schälen.
4) Die Zwiebeln, den Ingwer, den Knoblauch, den Zimt und 15 g Salz in ein großes Glas geben und mit dem Essig auffüllen.
5) An einem kühlen und dunklen Ort für 3 Wochen ziehen lassen.

Für 2–3 Personen | Zubereitungszeit: 30 Minuten + 25 Minuten Backzeit

Gefüllte Zwiebeln mit Grünkohl

Grünkohl ist ein sehr gesundes und vielseitiges Gemüse. Hier verhelfen wir der fast schon vergessenen Kohlsorte zu einem tollen Comeback.

1 große Gemüsezwiebel (ca. 330 g)
Meersalz
2 Knoblauchzehen
150 g frische Grünkohlblätter ohne Stiele
2 EL Albaöl
Pfeffer
100 g Gruyère
100 g Crème fraîche
50 g saure Sahne
frisch geriebene Muskatnuss
4 EL Panko
2 EL Pinienkerne

Zubereitung

1) Die Gemüsezwiebel schälen und längs halbieren. Salzwasser in einem Topf zum Kochen bringen und die Zwiebelhälften 15 Minuten vorgaren. Abgießen und beiseitestellen.
2) Den Knoblauch schälen und fein würfeln. Den Grünkohl waschen, gut abtropfen lassen und fein hacken.
3) Den Knoblauch in eine große Pfanne geben und in Öl anbraten, dann salzen und pfeffern. Anschließend den Grünkohl kurz mit anbraten. 50 ml Wasser hinzugeben und 5 Minuten mitdünsten, bis die Flüssigkeit verkocht ist. Beiseitestellen und etwas abkühlen lassen.
4) Den Gruyère reiben und zwei Drittel des Käses mit der Crème fraîche, der sauren Sahne und dem Grünkohl verrühren. Mit Muskatnussabrieb abschmecken.
5) Den Backofen auf 200 °C Ober/-Unterhitze vorheizen.
6) Die einzelnen Schichten der Zwiebeln voneinander lösen – ihr solltet ca. 9 Schichten bekommen. Diese dann mit etwas Grünkohl füllen und in eine leicht gefettete Form oder in kleine Förmchen setzen.
7) Den restlichen Käse mit dem Panko mischen und über die Zwiebeln streuen, ebenso die Pinienkerne. Im Backofen 20–25 Minuten knusprig backen. Dazu passt Salat, Reis oder Kartoffeln.

Irische Zwiebelsuppe

Der absolute Geschmacksbooster für Fans von Zwiebeln, dunklem Bier, Malz und bitteren Aromen. Eine wärmende und sehr leckere, gehaltvolle Zwiebelsuppe.

750 g Gemüsezwiebeln
60 g Butter
3 Zweige Thymian oder 1 TL getrockneter Thymian
2 EL Mehl
750 ml Gemüsebrühe (Rezept Seite 12)
330 ml Guinness (4,2 %)
1 Lorbeerblatt
Salz
Pfeffer
2 dickere Scheiben Bauernbrot oder Baguette
100 g geriebener Gruyère

Zubereitung

1) Die Zwiebeln schälen, halbieren und auf einer Mandoline fein hobeln oder mit dem Messer in sehr feine Halbmonde schneiden.
2) Die Butter in einem großen Topf schmelzen lassen, dann die Zwiebeln dazugeben. 30 Minuten bei mittlerer Hitze und unter Rühren die Zwiebeln karamellisieren lassen, dabei darauf achten, dass sie nicht zu dunkel werden. Dann den Thymian dazugeben (bei frischem Thymian davor die Blättchen von den Zweigen abstreifen) und 2 Minuten anbraten.
3) Das Mehl darübersieben, mit den Zwiebeln vermischen und 1 Minute anrösten. Anschließend mit der Brühe und dem Bier ablöschen. Das Lorbeerblatt dazugeben. Die Suppe nun einmal aufkochen lassen und dann bei kleiner Hitze 10 Minuten köcheln lassen. Zum Schluss mit Salz und Pfeffer abschmecken.
4) Den Backofen auf Oberhitze einstellen.
5) Das Lorbeerblatt entfernen und die Suppe in ofenfeste Schälchen füllen, das Brot darüberlegen und mit reichlich geriebenen Käse bestreuen. Auf ein Backblech stellen und unter dem Grill 2–4 Minuten bräunen.

Tipp

Achtet beim Bräunen darauf, dass Käse und Brot nicht zu dunkel werden.

Für eine Tarteform mit 30 cm Durchmesser | Zubereitungszeit: 25 Minuten + 40 Minuten Backzeit

Zwiebelkuchen

Ein Klassiker mit Tradition. Der Zwiebelkuchen ist eine echte, würzige und nahrhafte Mahlzeit. Im Herbst genossen, gibt er nicht nur zum Most, Apfelwein oder Federweißen ein gutes Bild ab.

Teig
200 g Mehl
½ TL Backpulver
110 g kalte Butter
1 TL Salz
1 Ei (Größe S)

Füllung
1 kg Zwiebeln
4 EL Distelöl
Salz
Pfeffer aus der Mühle
frisch geriebene Muskatnuss
1 Prise Rohrohrzucker
1 EL Kümmelsamen
200 g Schmand
4 Eier (S)

Zubereitung

1) Für den Teig alle Zutaten mit 1 EL kaltem Wasser in einen Food Processor geben und zu einem Teig mixen. Alternativ die Zutaten mit den Händen zu einem Teig kneten.
2) Den Teig auf einer leicht bemehlten Arbeitsfläche ausrollen und in die Tarteform legen. Hierbei überstehende Ränder abschneiden. Anschließend so lange in den Kühlschrank stellen, bis die Füllung fertig ist.
3) Für die Füllung die Zwiebeln schälen und in feine Würfel schneiden, je feiner desto besser. In einer großen Pfanne das Öl erhitzen und die Zwiebeln darin anbraten. Salz, Pfeffer, Muskatnuss und Zucker dazugeben. Immer wieder umrühren und für ca. 10–15 Minuten anbraten.
4) Den Kümmel in einer separaten, beschichteten Pfanne erhitzen und anrösten. Zum Schluss den Kümmel unter die Zwiebeln geben.
5) Den Backofen auf 200 °C Ober-/Unterhitze vorheizen.
6) Den Schmand mit den Eiern verrühren und mit Salz und Pfeffer abschmecken. Die gebratenen Zwiebeln mit der Schmand-Mischung vermischen und auf dem Teigboden gleichmäßig verteilen. Auf der mittleren Schiene 40 Minuten goldgelb backen. Dazu passt ein knackiger grüner Salat.

Für 1 Glas à 500 ml | Zubereitungszeit: 5 Minuten

vegan

Schnell eingelegte rote Zwiebeln

Mixed Pickles flott und gut selbst hergestellt. Einfach mal den Klassiker mit den eigenen Händen herstellen – das ist wirklich sehr schön. Die eingelegten Zwiebeln passen ausgezeichnet zur Käseauswahl, als Zugabe zu Salaten oder als Topping.

1 große rote Zwiebel
1 EL Zucker
1 TL Salz
120 ml Apfelessig

Zubereitung

1) Die Zwiebel schälen und fein hobeln, je dünner, desto besser. Anschließend in ein Glas geben.
2) In einem separaten Schälchen den Zucker, das Salz, 230 ml heißes Wasser und den Essig mischen und so lange rühren, bis sich der Zucker aufgelöst hat.
3) Dann den Sud über die Zwiebeln geben und mindestens 1 Stunde ziehen lassen.
4) Die Zwiebeln halten sich 1 Woche im Kühlschrank. Sie passen zu Salat, Tacos oder Falafeln, auf Sandwiches und zu vielen anderen Gerichten.

Zwiebelflammkuchen

Auch eine vorzügliche und feine Variante des Zwiebelgebäcks stellt das folgende Rezept dar. Hier werden Zwiebeln im lockeren Verbund mit Hefeteig auf quasi elsässische Art zubereitet. Das duftet und schmeckt ganz vorzüglich.

Teig
Teig
20 g Hefe
250 g Mehl
½ Salz
2 EL Olivenöl

Belag
2 Zweige Rosmarin
200 g Crème fraîche
1 Eigelb
Salz
Pfeffer aus der Mühle
1 rote Zwiebel
1 Gemüsezwiebel
Olivenöl

Zubereitung

1) Die Hefe in 125 ml lauwarmem Wasser auflösen. Die restlichen Zutaten für den Teig in eine Rührschüssel geben und mit der aufgelösten Hefe zu einem geschmeidigen Teig verkneten. Den Teig zugedeckt 30 Minuten gehen lassen.
2) Den Backofen auf 200 °C Ober-/Unterhitze vorheizen.
3) Den Teig halbieren, zu zwei Ovalen auswellen und auf das Backblech legen.
4) Für den Belag die Rosmarinnadeln fein hacken. Die Crème fraîche mit dem Eigelb verrühren. Salz, Pfeffer und Rosmarin untermischen.
5) Die Zwiebeln schälen und in dünne Ringe schneiden oder hobeln.
6) Die Crème fraîche auf den Fladen verteilen, mit den Zwiebeln belegen und mit etwas Olivenöl beträufeln. Im heißen Backofen auf der mittleren Schiene 20–25 Minuten backen. Heiß servieren.

GLOSSAR

Hier findet ihr Erklärungen zu einzelnen Zutaten sowie die in unserer Küche unverzichtbaren Grundzutaten.

Albaöl
Rapsöl mit Buttergeschmack. Ideal für die vegane Küche. Zum Anbraten, Kochen, Backen und als Dressing.

Apfelessig
Gut für Dressings und Marinaden.

Backnatron
Triebmittel beim Backen und ebenso unverzichtbar im Haushalt.

Backpulver
Backtriebmittel aus Backnatron und/oder Weinstein.

Blätterteig
Selbstgemacht oder küchenfertig im Supermarkt erhältlich. Eignet sich hervorragend für Süßes oder Herzhaftes.

Cayennepfeffer
Ist ein Gewürz aus gemahlenen Chilis.

Cumin/Kreuzkümmel
Cumin ist intensiv, würzig und holzig im Geschmack. Das Gewürz passt gut zu orientalischen und asiatischen Gerichten. Es ist gemahlen und als ganze Körner im Supermarkt erhältlich.

Currypulver
Ist eine Gewürzmischung aus der indischen Küche.

Crème fraîche
Ein Milchprodukt mit einer festen Konsistenz, leicht säuerlichem Geschmack und einem Fettanteil von 35 %.

Dijon-Senf
Cremige und leicht scharfe Senfsorte. Wird oft für Dressings verwendet.

Eier
Die verwendeten Eier in diesem Buch sind meist in Größe M.

Fenchelsamen
Geben Gemüsegerichten, Brot und Fisch ein warmes Aroma. Geröstet und/oder gemahlen wird das Aroma kräftiger.

Ghee
Kommt aus der indischen und pakistanischen Küche. Es handelt sich dabei um Fett, welches in der Regel aus Butter durch verschiedene Verfahren gewonnen wird.

Gurkenwasser
Der Sud von Essiggurken. Er ist perfekt geeignet für Salatdressings oder auch für Bratensaucen.

Gruyère
Fester Käse aus Kuhmilch. Bestens geeignet für Aufläufe, Quiches und Gratins.

Kurkuma
Ein Gewürz, das auch Gelbwurz genannt wird und vor allem als Bestandteil von Currypulver bekannt ist.

Mürbeteig
Gut geeignet für süße und pikante Gerichte.

Muskatnuss
Die Muskatnuss hat einen intensiven, süßlichen und scharfen Geschmack mit einem leicht erdigen Aroma und passt perfekt zu Kartoffeln.

Panko
Ein aus Japan stammendes Paniermehl aus Brotkrumen, welches beim Backen und Frittieren besonders knusprig wird. Panko findet man im Asialaden oder im gut sortiertem Supermarkt.

Pecorino
Ein italienischer Hartkäse aus Schafsmilch. Pikanter Geschmack.

Pimentkörner
Sie haben einen würzig scharfen Geschmack und ein warm duftendes Aroma. Man findet sie auch unter Nelkenpfeffer.

Pflaumensauce
Pflaumensauce ist ein zähflüssiges, hellbraunes, süß-saures Gewürz, welches Speisen abrundet. Statt Pflaumensauce könnt ihr auch Apfelkraut verwenden.

Quinoa
Quinoa ist ein Pseudogetreide, welches aus den Anden stammt und zu den Fuchsschwanzgewächsen gehört.

Rauchsalz
Rauchsalz ist ein durch Räuchern oder mit Raucharoma aromatisiertes Speisesalz, das als Gewürz verwendet wird. Es verleiht Gerichten einen rauchartigen Geschmack.

Vanillepaste
Aus ganzen Schoten hergestellte Paste. 1 TL Paste ersetzt 1 Vanilleschote.

Zucker
Wird aus Zuckerrohr oder Zuckerrübe gewonnen. Wir verwenden in unseren Rezepten meistens hellbraunen Zucker oder weißen Kristallzucker, falls nicht anderes angegeben.

Anmerkung zum Käse
Viele Käsesorten werden mit tierischem Lab hergestellt und sind somit nicht vegetarisch. Besonders Hartkäsesorten mit langer Reifezeit wie z.B. Parmesankäse. Achtet beim Kauf am besten auf die Zutatenliste. Montello ist eine vegetarische Alternative zu Parmesan.

Anmerkung zu frisch gemahlenen Gewürzen
Wir mahlen unsere Gewürze meist frisch in einer Gewürzmühle. Frisch und selbst gemahlene Gewürze haben ein intensiveres Aroma als vorab industriell gemahlene Gewürze.
Wer keine Gewürzmühle bzw. keinen Mörser besitzt, kann auf bereits gemahlene Gewürze zurückgreifen.
Dabei könnt ihr euch ungefähr an die unten aufgeführten Angaben halten:

¼ TL gemahlener Piment = 8 Pimentkörner

1 gute Msp. gemahlener Piment = 4 Pimentkörner

1 Msp. gemahlener Piment = 3 Pimentkörner

1 gute Msp. gemahlene Fenchelsamen = 30 Fenchelsamen

1 gute Msp. gemahlener Koriander = 30 Koriandersamen

1 Msp. gemahlener Kardamom = 5 Kardamomsamen

1 Msp. gemahlene Nelken = 2–3 Gewürznelken

Register

Dank

Auch für unser zweites Kochbuch haben wir wieder einmal reichlich getestet und schnabuliert; wir waren für uns und euch wieder viel unterwegs und auf der Suche nach schönen Produkten und klasse Rezepten.

Dafür, dass letztlich alles so gut geklappt hat, möchten wir euch danken.

Unser Dank gilt unseren Unterstützern, ohne die das Erstellen dieses Kochbuches nicht möglich gewesen wäre.

Wir danken all unseren treuen Followern unseres Foodblogs, den Lesern unseres ersten Kochbuchs und allen, die unsere Rezepte ansprechend finden und diese gerne umsetzen.

Ganz besonderer Dank gilt auch Birgit für ihre großartige Unterstützung, ihren Zuspruch und ihre unkomplizierte Art.

Unser Dank gilt auch und vor allem dem gesamten Team des Thorbecke Verlags für die Umsetzung und Verwirklichung dieses erstklassigen Buches.

Vielen lieben Dank auch an Janina, unsere Lektorin, für den Support und das Feedback während des gesamten Entstehungsprozesses des Buches und dafür, dass wir dieses spannende Thema umsetzen durften.

Die Autoren

Kathrin Salzwedel und Ramin Madani leben mit ihren Zwerghühnern in der Nähe des schönen Nordschwarzwaldes. Aus der Leidenschaft für das Fotografieren und Backen sind der Food-Blog *Klaraslife* sowie der gleichnamige Instagramkanal entstanden, wo sie täglich ihre Kreationen und Bilder teilen. Ihre Zeit verbringen sie am liebsten in der Küche und entwickeln neue Rezepte, arbeiten an ihrem Blog und Kathrin als Foodstylistin. Ihre Energie tanken sie in der Natur beim Wandern wieder auf. Bei Thorbecke erschien von ihnen bereits „Klaraslife – Veganes und vegetarisches Comfort Food".